Otto Seeck
Die charakteristischen Unterschiede der Brüder van Eyck

SEVERUS Verlag

ISBN: 978-3-95801-593-7
Druck: SEVERUS Verlag, 2016
Nachdruck der Originalausgabe von 1899

Der SEVERUS Verlag ist ein Imprint der Diplomica Verlag GmbH.
Bibliografische Information der Deutschen Nationalbibliothek:
Die Deutsche Nationalbibliothek verzeichnet diese Publikation in der Deutschen Nationalbibliografie; detaillierte bibliografische Daten sind im Internet über http://dnb.d-nb.de abrufbar.

Otto Seeck

Die charakteristischen Unterschiede der Brüder van Eyck

SEVERUS

Die charakteristischen Unterschiede der Brüder van Eyck.

Von

Otto Seeck.

Vorgelegt in der Sitzung vom 3. Juni 1899.

Pictor Hubertus
e Eyck, maior quo nemo repertus,
Incepit pondus,
quod Johannes arte secundus
Frater perfecit.
Inschrift des Genter Altars.

Der den Genter Altar erfunden und in den frühesten Tafeln desselben die Vorbilder für seine weitere Ausführung geschaffen hat, muss einer der grössten Künstler aller Zeiten, wenn nicht der grösste, gewesen sein. Denn während jeder andere Meister an Lehrer und Vorläufer anknüpfen konnte, die ihm die ersten Schritte auf seinem Wege erleichterten, war für Hubert van Eyck die Natur die einzige Lehrerin. Er ist der erste gewesen, der sie mit freien Blicken anschaute und die Brille mittelalterlicher Tradition weit hinter sich warf, eine künstlerische That, die in der Geschichte nicht mehr ihres Gleichen hat. Sein Bruder fand den Weg schon geebnet; was er dem Lebenswerke Huberts hinzufügte, konnten nur Ergänzungen und Verbesserungen sein. Und dass diese nicht von gar zu grosser Bedeutung waren, beweist der Genter Altar; denn fast jede seiner Tafeln, also auch diejenigen, welche noch dem älteren Bruder angehören müssen, zeigt eine Höhe der Vollendung, über die sich bis auf Rubens herab kein Nordländer mehr erhoben hat.

Dies sind allgemein bekannte Dinge. Wer von Kunstgeschichte etwas weiss, nennt daher den Namen Hubert van Eyck nur mit hoher Verehrung; aber mehr als diesen Namen und einige spärliche Notizen aus seinem Leben kennt bis jetzt noch niemand von ihm. Dass Werke seiner Hand vorhanden sein müssen, wenn auch nur am Genter Altar, unterliegt keinem Zweifel; doch ist es bisher noch nicht gelungen, das Eigenthum der beiden Brüder mit Sicherheit zu trennen. Denn wenn man meint, die Mitteltafeln würden wohl zuerst gemalt sein und sie deshalb auf Hubert zurückführt, so bleibt dies leeres Gerathe, ehe man nicht auch greifbare künstlerische Verschiedenheiten zwischen jenen und den Flügelbildern nachgewiesen hat. Warum soll der Maler bei einer so grossen und ungewöhnlichen Aufgabe nicht seine Kräfte zuerst an dem minder Wichtigen erprobt haben, ehe er sich an die Hauptsache, die Alles beherrschenden Mittelbilder, heranwagte? Besser begründet ist es, wenn Bode darauf hinweist, dass die Stifter wohl in erster Linie für ihre Bildnisse gesorgt haben werden, und diese daher den ältesten Theilen des Altars zurechnet. Aber so ansprechend diese Vermuthung auch ist, einstweilen bleibt sie doch nur Vermuthung. Ob das grosse Werk von aussen oder von innen, von rechts, von links oder aus der Mitte begonnen ist, darüber können nur technische Gründe die Entscheidung geben; an sich ist jede dieser Möglichkeiten eben so wahrscheinlich wie die andern.

Mithin bleibt es dabei, dass wir Werke Huberts zwar jedenfalls besitzen, bis jetzt aber kein einziges bestimmen können, und dass so einer der gewaltigsten Künstlergeister für uns noch eine unbekannte Grösse ist. Die Frage, wie sich die Arbeiten der beiden Brüder unterscheiden lassen, gehört also zu den wichtigsten der ganzen Kunstgeschichte. Aber so sehr sie die Forscher auch immer gereizt hat, eine befriedigende Antwort zu geben wäre noch vor wenigen Jahren unmöglich gewesen. Denn von den dreizehn Bildern, in denen wir ausser dem Genter Altar sichere eigenhändige Werke Huberts erkennen werden, waren damals nur zwei bekannt und allgemein zugänglich, und diese schrieb man natürlich dem jüngeren Bruder zu, mit dessen beglaubigten Gemälden sie die Aehnlichkeit zeigten, die zwischen dem Meister und seinem gelehrigsten Schüler nicht fehlen konnte. Aber seitdem sind aus den Winkeln der Galerien ein paar Bilder hervorgezogen worden, die vorher keinen Meisternamen trugen und daher unbeachtet geblieben waren. An Hubert hat bei ihnen freilich keiner gedacht, sondern einige führten sie auf Jan van Eyck zurück, andere sprachen sie ihm ab, beides mit einem gewissen Rechte. Denn einerseits zeigten sie ganz unzweideutig die Merkmale van Eyckscher Kunst, andererseits wichen sie von den bezeichneten Werken Jans doch zu sehr ab, um seine Hand in ihnen erkennen zu lassen. Was aber noch wichtiger ist, eine Anzahl Gemälde, die sich vorher im Privatbesitze versteckten, sind theils durch gute Publikationen allgemein bekannt geworden, theils in die grossen Galerien übergegangen, wo sie jedermann studieren kann. Das grösste Verdienst hat sich in dieser Beziehung das Berliner Museum erworben. Durch die Findigkeit und sichere Kennerschaft seiner Leiter ist hier jetzt die Hauptmasse von Huberts Bildern vereinigt, und neben ihnen hängen mehrere Werke seines Bruders, so dass der Vergleich geradezu herausgefordert wird. Auf diese Weise hat sich das Material bedeutend vermehrt, und endlich ist die Möglichkeit gewonnen, unter den Gemälden, die man bisher unterschiedslos auf den Namen Jan van Eyck getauft hatte, zwei Gruppen zu unterscheiden, die beide eine hohe Meisterschaft, aber doch verschiedene Hände verrathen. Mit den heute gebotenen Mitteln können wir die zwei van Eycks, von denen wir bisher nur durch die schriftliche Ueberlieferung wussten, auch in ihren Werken erkennen, den einen von härterer Alterthümlichkeit, aber mächtigerem Ausdruck seiner grossen Individualität, und einen zweiten, der technisch über jenen zum Theil hinauswächst, geistig immer sein Epigone bleibt.

Neuerdings ist ein gekreuzigter Christus zwischen Maria und Johannes im englischen Kunsthandel aufgetaucht und für das Berliner Museum erworben, den Herr von Tschudi für Jan van Eyck in Anspruch nimmt [1]). Doch hat jener feinsinnige Kritiker trotz eifrigen Suchens darin keinen einzigen Vergleichspunkt mit irgend einem Gemälde finden können, das durch seine Bezeichnung zweifellos als Werk des Jan erwiesen wäre; er gründet seine Zutheilung ausschliesslich auf die Petersburger Kreuzigung, den heiligen Franciscus in Turin und einige Tafeln des Genter Altars, namentlich die Anbetung des Lammes und die zu ihr gehörigen Flügelbilder. Die beiden ersten Gemälde kenne ich leider nur aus Photographien [2]); doch genügen sie, um das Schlagende des Vergleiches darzuthun. Bei dem Genter Altar kann ich die Uebereinstimmung auch nach Prüfung der Originale bestätigen. Vor allem mit der Einsiedlertafel [3]) zeigt der Crucifixus so nahe Verwandtschaft, dass beide zweifellos von der gleichen Hand sein müssen. Aber ist dies wirklich die Hand des Jan van Eyck? In dem Franciscus und der Kreuzigung will Kaemmerer sie nicht erkennen, und bei jedem einzelnen Theil des Genter Altars muss es bekanntlich noch als zweifelhaft gelten, welchem der beiden Brüder er angehört. Freilich gerade die Einsiedler glaubt man dem Jan mit der grössten Sicherheit zuschreiben zu dürfen; prüfen wir also, wie weit dies begründet ist.

Am 18. September 1426 starb Hubert, sein grosses Werk unfertig hinterlassend. Jan befand sich damals am Hofe des burgundischen Herzogs in Lille, von wo aus er Gent wohl vorübergehend besuchen, aber nicht dauernd an dem Altar thätig sein konnte. Im Jahre 1428 reist er nach Portugal und kehrt erst in der Weihnachtszeit 1429 wieder. Dann nimmt er seinen Wohnsitz in Brügge und beginnt wahrscheinlich seine Arbeit an dem nachgelassenen Werke seines Bruders. Aber schon 1431 unterbricht er sie durch eine neue Reise, und dennoch kann der fertige Altar am 6. Mai 1432 in der Kirche aufgestellt werden. Besten Falles ist Jan also knappe zwei Jahre mit ihm beschäftigt gewesen und das unter den mannigfachen Störungen und Hemmnissen, die mit seinem Hofdienst untrennbar verbunden waren.

Die intime Kenntnis der südlichen Vegetation, die sich in den landschaftlichen Hintergründen der Anbetung des Lammes und der Pilger und Einsiedler kundgibt, bringt man mit der portugiesischen Reise des Jan in Zusammenhang. Das ist der Grund, warum man gerade bei diesen drei Tafeln an seiner Urheberschaft am wenigsten zweifeln zu können meint. Nun finden sich auch bei dem Crucifixus Cypressen und eine Pinie, die denen des Genter Altars so ähn-

1) Jahrbuch der königlich preussischen Kunstsammlungen XIX 1898 S. 202, wo sich auch eine vortreffliche Abbildung des Gemäldes befindet.

2) Abgebildet bei L. Kaemmerer, Hubert und Jan van Eyck in den Künstler-Monographien von Knackfuss, Bd. XXXV S. 42. 113. Klassischer Bilderschatz 1543.

3) Abgebildet Museum I 115; Klassischer Bilderschatz 1304; Kaemmerer S. 32.

lich sind, dass sie, wie Tschudi richtig bemerkt, „fast die Geltung eines Monogramms“ beanspruchen dürfen. Natürlich muss er daraus schliessen, dass auch das neuentdeckte Gemälde nach der Rückkehr Jans aus Portugal entstanden sei, d. h. gleichzeitig mit dem Altarwerk oder noch später. Diese Alternative zu stellen, ist übrigens kaum nöthig; denn falls Jan wirklich einen so grossen Antheil am Genter Altar beanspruchen darf, kann er ein anderes Bild, das zwar nicht gross, aber dafür überreich an fein ausgeführten Einzelheiten ist, gleichzeitig mit ihm gar nicht gemalt haben. Die Kunstübung der Altniederländer war eben ihrer ganzen Natur nach äusserst zeitraubend; von Dirk Bouts wissen wir, dass er sich verpflichtet hatte, während seiner Arbeit am Löwener Altar keine anderen Aufträge anzunehmen, und doch vier Jahre daran zu thun hatte. Gleichwohl kommt dies ganze Werk an Figurenzahl und Fülle des Details noch lange nicht der einzigen Tafel mit der Anbetung des Lammes gleich. Wenn also Jan nicht nur diese, sondern daneben noch mehrere andere Tafeln in der halben Zeit ausgeführt haben soll, so muss er sich fast über Menschenkräfte angestrengt haben und hatte vor der Vollendung des Altars sicher zu nichts anderem Zeit. Nach Tschudis Ansicht müsste also der Crucifixus jedenfalls später sein, und doch verräth er bei allen seinen Schönheiten eine viel niedrigere Stufe des künstlerischen Könnens.

Jenes Flügelbild, das den Adam enthält und sich jetzt im Brüsseler Museum befindet [1]), ist eine äusserst sorgfältige Studie nach dem lebenden Modell. Wie man oft bemerkt hat, sind bei ihm Gesicht und Hände dunkler gebräunt, weil eben der Mann, der hier porträtiert wurde, sonst natürlich in Kleidern ging und dadurch die Haut seines übrigen Körpers den Einflüssen von Luft und Sonne entzog. Der Künstler hat also einen nackten Menschen einfach vor sich hingestellt und ihn mit allen Zufälligkeiten seiner Erscheinung, auch wenn sie für einen Adam recht schlecht passten, treulich abgemalt. Dasselbe Naturstudium zeigen bei der Eva Gesicht und Hals, Hände und Arme und die Füsse und Beine bis etwa zum Knie hinauf, d. h. diejenigen Körpertheile, welche ein keusches Weib einen sehr nahestehenden Mann allenfalls sehen lässt. Der Rumpf ist ganz misslungen, offenbar weil der Künstler wohl einen Mann, aber kein Weib finden konnte, das ihm Akt zu stehen bereit war; trotzdem lassen auch diese Körpertheile erkennen, dass er sein Auge an der Betrachtung des Nackten geschult hatte. Dagegen hat der Leib des Gekreuzigten kein anderes Vorbild gehabt als jene gothischen Holzkruzifixe, wie man sie noch jetzt mitunter in alten Kirchen sieht. Weder Roger van der Weyden, noch der Meister von Flemalle, noch Albert van Ouwater, kurz keiner von der Nachfolgern der van Eycks hat jemals einen so schlecht beobachteten Körper gemalt, und ein Künstler, der mit der Zeit fortschritt, konnte es auch gar nicht thun, nachdem in jenem Adam ein klassisches Beispiel für die Behandlung des Nackten gegeben war.

1) Abgebildet Klassischer Bilderschatz 721, Kaemmerer S. 23.

Folgt daraus, dass Jan nicht der Schöpfer des Berliner Bildes sein könne? Da an dem Genter Altar erweislich zwei verschiedene Hände thätig gewesen sind, wird man natürlich geneigt sein, dasjenige, was in ihm mit dem Crucifixus übereinstimmt, der einen zuzuweisen, das Abweichende der anderen. Aber eine solche Theilung wäre, wenn auch wahrscheinlich, so doch nicht zwingend. In einer Zeit des Ueberganges, wie der Anfang des fünfzehnten Jahrhunderts es war, kann auch derselbe Maler von der unbekümmerten Nachbildung der Holzfiguren, die er in den Kirchen sah, zu genauem Modellstudium aufgestiegen sein. Doch kann es keinem Zweifel unterliegen, dass der Crucifixus, welchem der beiden Brüder er auch angehören mag, früher sein muss als der Brüsseler Adam und zwar sehr beträchtlich früher. Nach der portugiesischen Reise des Jan kann er also keinenfalls entstanden sein und ebensowenig während derselben, weil auch dann ein viel zu kurzer Zeitraum ihn von der Vollendung des Genter Altars trennen würde. Damit aber ist es bewiesen, dass die Pflanzenwelt des Südens, deren Kenntnis er schon zeigt, seinem Schöpfer nicht erst in Portugal bekannt geworden ist, sondern auf irgend einer früheren Reise, von der unsere nur zu dürftige Ueberlieferung schweigt. Und muss dies zugegeben werden, so schwindet auch jeder Grund, die Tafeln des unbefleckten Lammes und der Pilger und Einsiedler dem Jan zuzuweisen. Dass der Crucifixus von einem der beiden Meister, die an dem Genter Altar thätig waren, herrühren muss, hat Tschudi freilich bewiesen; aber von welchem, bleibt eine offene Frage.

Um sie zu beantworten, gibt es nur einen methodisch richtigen Weg, nämlich dass man von den durch Inschrift beglaubigten Werken des Jan van Eyck ausgeht. Für diese ist es charakteristisch, dass keines davon ein Gesicht mit lebhaftem Mienenspiel oder starke Bewegung der Gestalten erblicken lässt. Eine Ausnahme macht nur das arg verrenkte Kind der Antwerpener Madonna, das gründlich misslungen ist[1]; und doch trägt sie unter allen bezeichneten Bildern Jans das späteste Datum, müsste also seine Kunst in ihrer höchsten Reife zeigen. Bewegungen, wenn auch sehr gemässigte, finden sich ausserdem auf dem Brügger Altarblatt bei dem heiligen Georg, der seine Mütze lüftet[2], auf dem Verlobungsbilde des Arnolfini, wo die beiden Gestalten sich die eine Hand reichen und der Mann die andere erhebt[3], endlich bei der Madonna von Ince-Hall, deren Kind in einem Gebetbuch blättert[4]. Immer aber kommen sie so tölpisch und unbeholfen heraus, dass man deutlich sieht, es war nicht Zufall, sondern ein richtiges Empfinden für die Grenzen seines Könnens, wenn Jan van Eyck jede lebhafte Bewegung vermied. Hierin verräth sich der Maler des Brüsseler Adam. Ein Object, das ihm hübsch still hält, bis in die feinsten Züge seiner Erscheinung nachzubilden, ist er Meister; wer aber augenblickliche Bewe-

---

1) Kaemmerer S. 103.

2) Kaemmerer S. 64.

3) Kaemmerer S. 63; Museum IV 35; Klassischer Bilderschatz 283.

4) Kaemmerer S. 51.

gungen nach dem gestellten Modell wiedergeben will, dem müssen sie nothwendig misslingen. Für solche Vorwürfe bedarf es schneller Auffassung und eines treuen Formengedächtnisses, das ihre vorüberfliegenden Eindrücke festzuhalten versteht, und diese Gaben waren Jan offenbar versagt. Auch hierfür liefern die Brüsseler Tafeln den schlagenden Beweis; denn über den nackten Gestalten ist hier grau in grau die Geschichte von Kain und Abel dargestellt, bei der dramatische Lebendigkeit durch den Stoff gefordert wurde. Da zeigen sich denn die Gesichter leer oder verzerrt, die Stellung der Glieder gezwungen oder verrenkt, kurz in jeder Beziehung tritt es hervor, dass der Künstler dieser Aufgabe nicht gewachsen ist.

Dem gegenüber zeigt der Maler des Crucifixus gerade in der Darstellung des Augenblicklichen seine allerhöchste Meisterschaft. Wie wunderbar ist diese müde, schmerzvolle Majestät des Christus, der noch im Tode weniger an sich als an seine Lieben denkt und mit sichtbarer Anstrengung den Mund öffnet, um hinabzurufen: „Mutter, das ist dein Sohn!“ Johannes hat eben noch dem Kreuze zugekehrt gestanden und seinen Gram zu unterdrücken gesucht; bei jenen Worten seines Herrn aber bricht jählings die Rührung hervor, und er kehrt sich ab, um seine Thränen zu verbergen. Dies prägt sich in der Stellung seiner Füsse, so schlecht sie auch an das Gewand angesetzt sind, in der Bewegung seiner Hand, vor allem in dem plötzlichen Aufschluchzen des Mundes und in Stirn und Augen aus. Und diesem momentanen Ausbruch gegenüber die starr gerungenen Hände der Mutter, die schon von endlosem Weinen ermattet scheint. Ein Ausdruck von so ergreifender Wahrheit lässt sich nicht am Modell studieren, das sein Gesicht in die vorgeschriebenen Falten zieht und dann artig stillsteht, bis der Maler fertig ist. Zu einer Leistung dieser Art wäre Jan van Eyck niemals fähig gewesen.

Auch abgesehen von den menschlichen Gestalten setzt sich unser Gemälde, so natürlich das Beiwerk auf den ersten Blick erscheint, doch nicht aus Naturstudien, sondern nur aus Erinnerungsbildern zusammen. Der Horizont der Landschaft ist mindestens doppelt so hoch, wie er in Wirklichkeit sein könnte, ein Fehler, der übrigens auch auf dem Genter Altar wiederkehrt. Architekturen dieser Art hat es nie an irgend einem Orte der Welt gegeben; die Steine des Vordergrundes sehen, wie Tschudi richtig bemerkt, Schwämmen gleich; die Pflänzchen, die zwischen ihnen wachsen, werden sich botanisch niemals bestimmen lassen; den Bäumen fehlen die Zufälligkeiten, die in der Natur das einzelne Exemplar bezeichnen; sie sind, wenn auch in freier Weise, doch alle stilisiert. Der Künstler malt nicht, wie Jan dies so gerne thut, was vor ihm steht, sondern er reproduciert alles aus seiner Phantasie und erzielt eben dadurch seine Wirkung. Denn freilich hat er die Natur mit liebevollem Auge gesehen; aber was er nicht gesehen hat oder doch nicht oft genug, um davon ein treues Erinnerungsbild zu bewahren, wie den nackten Menschenleib, dafür sucht er auch nach keinem Modell, sondern gibt es einfach nach den Traditionen seiner Zeit wieder. So weit er dem Jan an Lebendigkeit und Ausdruck überlegen ist, so weit steht er hinter ihm in der genauen Nachbildung des ruhenden Objectes zurück.

Dass der Crucifixus in dem grünlich braunen Colorit seines Hintergrundes keinem der bezeichneten Bilder Jans ähnlich sieht, hat Tschudi selbst anerkannt. Allerdings entscheidet dies am wenigsten; denn gerade in der Farbe macht jeder grosse Maler seine Experimente, und in erster Linie gilt dies von den Brüdern van Eyck. Wo sich aber so tiefgreifende Verschiedenheiten der ganzen künstlerischen Individualität enthüllt haben, da kann auch jenes Moment nicht ohne Gewicht sein.

Wem aber alle diese Gründe noch zu subjectiv scheinen, den verweisen wir auf ein Kennzeichen, das ganz ausserhalb des künstlerischen Empfindens liegt und eben darum vielleicht die grösste Beweiskraft hat. Ueber dem Kreuze befindet sich eine Tafel mit einer dreizeiligen Inschrift, die selbstverständlich nur das bekannte *Iesus Nazarenus rex Iudaeorum* enthalten kann. Die erste Zeile besteht aus ebräischen Buchstaben, die, wie Kundige mir sagen, nicht ganz richtig gezogen sind, aber den Charakter der Schriftart täuschend wiedergeben. Uebrigens lässt sich in ihnen kein Sinn entdecken; sie scheinen nur mit Rücksicht auf möglichst charakteristische Formen aus dem Alphabet zusammengelesen zu sein. Die zweite Zeile beginnt mit der richtigen Abkürzung von *Iesus* in griechischen Buchstaben: IHΣ; dann folgt, wie dies gefordert wird, ein N; der Rest der Zeile ist aber wieder sinnlos, obgleich er den Eindruck griechischer Schrift sehr glücklich hervorruft. Auch an dritter Stelle finden wir zuerst die Abkürzung von *Iesus* : *Ihs* und dann ein *n*, und wieder folgt unverständliches Zeug, das hier lateinischen Buchstaben ähnlich sieht. Erst am Schlusse lässt sich etwas erkennen, was an das erforderliche *Iudaeorum* in der damals üblichen Abkürzung *iudoꝝ* erinnert, aber ganz eigenthümlich verstümmelt ist. Statt der drei Striche der ersten Silbe sind vier gezogen, und die zweite aufsteigende Linie des *d* ist nicht mit der ersten kleineren, sondern mit dem folgenden *o* wie zu einem Buchstaben verbunden. Man sieht, der Künstler hat eine Vorschrift flüchtig nachgemalt, wobei ihm Anfang und Ende als die hervorstechendsten Punkte am besten gelangen. Aber was ihn interessierte, war nur der malerische Charakter der verschiedenen Schriftarten, den er vorzüglich zur Geltung bringt; um den Inhalt kümmert er sich gar nicht und das zwar bei der lateinischen Zeile ganz ebenso, wie bei der ebräischen und griechischen. Offenbar konnte der gute Mann nicht lesen.

Dies ist bei einem Handwerker, dessen Jugendbildung noch in das vierzehnte Jahrhundert fiel, durchaus nicht auffällig und brauchte damals seiner geistigen Grösse keinen Abbruch zu thun. Wenn Wolfram von Eschenbach seinen Parcival dictieren konnte, ohne des Lesens kundig zu sein, so hindert auch nichts die Annahme, dass ein Analphabet, der von klugen Mönchen religiöse Belehrung empfangen hatte, die Composition des Genter Altars ersann. Aber Jan van Eyck verstand jedenfalls zu schreiben. Die Signaturen seiner Bilder sind je nach Laune und Gelegenheit in so mannigfachen und charakteristischen Formen abgefasst, dass wir in ihnen sein eigenstes Eigenthum erkennen dürfen, und auf einer Zeichnung seiner Hand, die im Dresdener Museum aufbewahrt wird, hat er in flüchtiger, sicherer Schrift die Angabe der Farben hinzugefügt[1]). Hubert dagegen hat keines seiner Bilder signiert, und wenn auf dem Genter Altar sich zahlreiche Inschriften finden, so hindert doch nichts die Annahme, dass er sie von irgend welchen Schreibern daraufmalen liess, ja in einem Falle wird sie durch besondere Gründe sehr nahe gelegt. Auf der Verkündigung sind nämlich die Sprüche, die vom Munde der Maria und des Engels ausgehen, von anderer Handschrift als diejenigen auf den Spruchbändern der darüber befindlichen Propheten. Dies wäre kaum zu erklären, wenn beide von dem Maler selbst herrührten. Vollendete er dagegen zuerst die oberen Theile des Gemäldes und liess ihnen sogleich die Inschriften hinzufügen, so kann bei den unteren, die gewiss erst Monate später fertig wurden, leicht eine andere Hand thätig gewesen sein.

Einige Inschriften des Altars sind allerdings Maler-, nicht Schreiberarbeit, vor allem die Buchstaben, welche in Perlenstickerei den Gewandsaum des Gottvater schmücken; und gerade diese Figur ist für unsere Frage die wichtigste, weil bei ihr am wenigsten bezweifelt wird, dass sie noch auf Hubert zurückgeht[2]). Die meisten jener Schriftzeichen lassen keinen Sinn erkennen, wohl aber, dass ganz verschiedene Alphabete durcheinandergewirrt sind. So steht rechts vom Beschauer ganz deutlich ΔNaNX, also N und X in Majuskel neben einem *a* in Minuskel und einem griechischen Delta. Verständlich sind nur die Inschriften auf dem Bruststreifen und unter dem rechten Knie: SABAωT und PEX · PEΓV̂ ·, welches letztere offenbar *rex regum* bedeuten soll. Aber auch hier findet sich einmal ein griechisches Omega, das andere Mal zwei Rho und ein Gamma den lateinischen Buchstaben beigemengt. Einer solchen Vermischung der Alphabete ist nur ein ABCschütze fähig. Jan van Eyck, der des Schreibens kundig war, hat auf seinem bezeichneten Christuskopfe zwar im Uebrigen den Gottvater nachgeahmt, aber am Gewandsaum setzt er REX · REGVM ganz richtig in lateinischen Buchstaben und unterscheidet davon deutlich das griechische Alpha und Omega, die oben neben dem Haupte stehen[3]). Hubert dagegen verstand, wie der Crucifixus uns gezeigt hat, die kleinen Buchstaben gar nicht; die grossen, deren monumentale Formen sich einem Malerauge leichter einprägen, hatte er sich gemerkt, und zwar sowohl die lateinischen als auch die griechischen. Dieser Kenntnis froh, verwendet er sie in Fussbodenfliesen und Teppichen gern als Ornamente und bringt dabei ganz kleine Buchstabenverbindungen, wie $\overline{\text{IHC}}$ · $\overline{\text{XPC}}$ (= *Iesus Christus*) oder AVE · $\overline{\text{GRA}}$ · $\overline{\text{PLEA}}$ (= *ave gratia plena*), auch leidlich zusammen; denn wenn er lateinisch IESVS und griechisch $\overline{\text{IHC}}$ zu IHESVS vermischt, so ist dieser Fehler auch bei besseren Gelehrten seiner

1) Kaemmerer S. 72.

2) Kaemmerer S. 27; Klassischer Bilderschatz 1306.

3) Kaemmerer S. 93.

Zeit nicht ungewöhnlich. Doch die Schriftzeichen sind für ihn nur malerische Formen; ihren praktischen Gebrauch beherrscht er nicht.

Lehrreich sind in dieser Beziehung auch die Flieseninschriften vor den Füssen der beiden Engelgruppen [1]). Auch hier zeigt sich, dass der Künstler die kleinen Buchstaben nur nachmalt, nicht versteht. An einer Stelle steht richtig *ihs*; an andern dagegen ist das runde S mit dem grossen B, dem es in dieser Schriftart recht ähnlich sieht, verwechselt und in Folge dessen *ihB* geschrieben. Auf einzelnen Fliesen befindet sich ein Zeichen, das dem grossen Omega ähnlich sieht; wahrscheinlich ist es der Rest des Alpha und Omega, die auf der geschriebenen Vorlage den Christusnamen eingefasst haben werden. Das Alpha erscheint dann an einer Stelle, wo es nicht hingehört, nämlich in AGLA. Diese Buchstabengruppe ist sinnlos; aber nimmt man die drei letzten Zeichen allein, so bilden sie die richtige Abkürzung von *gloria*. Daneben findet sich unter dem Stuhl des Orgelspielers auch AΓLA mit Gamma, also dieselbe Vermischung der beiden grossen Alphabete, wie bei Gottvater. Endlich erscheinen auf einigen Fliesen noch Zeichen, die wie Buchstaben aussehn sollen, es aber nicht sind. Dies allein wäre für mich beweisend, dass die Engelgruppen des Genter Altars nicht von Jan herrühren können. Auch zeigen sie wieder jene schnelle Auffassung des Augenblicklichen, die für den Crucifixus so bezeichnend ist. Denn schon von Alters her hat man mit Recht bewundert, wie das Hervorbringen von hohen, tiefen und Mitteltönen in dem Muskelspiel der Gesichter und Kehlen bei den singenden Engeln unterschieden ist. So etwas kann der Maler wohl auf dem Kirchenchor beobachten, nicht aber in seinem Atelier die Modelle dazu stellen.

Der Berliner Crucifixus gehört also einem Manne, der sicher am Genter Altar mitgearbeitet hat und doch unmöglich Jan van Eyck gewesen sein kann, d. h. wir besitzen in ihm ein Werk des Hubert. Von dessen Leben wussten wir bis jetzt so gut wie nichts; dies Bild aber lehrt uns, dass auch er einmal auf irgend einer der südeuropäischen Halbinseln gewesen sein muss. Am ehesten wird man auf Italien rathen; denn nur dort konnte er aus den Baptisterien und römischen Centralbauten die Anregung zu jenen eigenthümlichen Kuppeln schöpfen, welche das Stadtbild im Hintergrunde des Crucifixus überragen [2]). Wie mir scheint, ist diese Vermuthung nicht ungeeignet, eines der wunderbarsten Räthsel der Kunstgeschichte seiner Lösung näher zu führen.

Keine grosse Umwälzung des geistigen Lebens erfolgt mit einem Schlage; immer findet sie ihre Vorläufer und Propheten, die sie ankündigen und einleiten.

1) Museum I 122. 123; Bilderschatz 1301. 1302; Kaemmerer S. 24. 25.

2) Bei der Halle der Berliner Karthäusermadonna, in der wir weiter unten ebenfalls ein Werk des Hubert erkennen werden, hat schon Tschudi (Jahrbuch X S. 156) die Bemerkung gemacht, dass sich Vorbilder dafür nur in Italien finden lassen. Auch in jenen schwammähnlichen Steinen, die für Huberts Landschaften so charakteristisch sind, könnte man Erinnerungen an die vulkanischen Schlacken des Vesuv oder des Albanergebirges suchen; doch werden ähnliche Gebilde wohl auch in der Eifel vorkommen.

In der Kölnischen Malerschule vollzieht sich der Uebergang von der Gothik zur Renaissance ganz allmählich und gesetzmässig; denn von Meister Wilhelm zu Stephan Lochner, von diesem zu seinen realistischeren Nachfolgern ist nur ein kleiner Schritt. Auch in Italien war es nicht anders. Die Starrheit des Byzantinismus lockert sich ein wenig in Cimabue und Duccio; Giotto und Giovanni Pisano führen die Kunst zu noch grösserer Freiheit, und von ihnen zu Donatello und Masaccio und weiter zu Michelangelo und Tizian zieht sich ein ununterbrochener Faden der Entwicklung. Ganz anders in den Niederlanden; mit den Brüdern van Eyck ist die neue Kunst da und erreicht sogleich ihre Vollendung, ohne dass ein vorbereitendes Stadium bemerkbar wäre [1]). Dies scheint mir eine historische Unmöglichkeit, falls Hubert die Vorläufer, deren er in seiner Heimath entbehrte, nicht in einem anderen Lande aufgesucht hat, und in Italien waren sie zu finden. Oder ist es Zufall, dass wir Vittore Pisano schon etwas früher genau auf demselben Wege sehen, auf dem die Brüder van Eyck so mächtig über ihn hinausstreben sollten? Mir scheint der Crucifixus keinem Werke der alten Kunst geistig näher zu stehn, als den Fresken Giottos in der Arena zu Padua, und ich glaube kaum, dass ein Maler ihn schaffen konnte, der diese nicht gesehen hatte. Dies ist zwar nur ein subjectiver Eindruck; jedenfalls aber würde Hubert, wenn er die italienischen Künstler gekannt hätte, zwar immer noch fast übermenschlich gross erscheinen, aber doch menschlich zu begreifen sein.

Doch verlassen wir diese luftigen Combinationen, auf die ich selbst keinen Werth lege, und wenden uns dem positiveren Geschäfte zu, aus den Werken, die bisher unterschiedslos dem Jan van Eyck zugeschrieben oder auch abgesprochen wurden, das Eigenthum seines älteren Bruders auf Grund des neuen Fundes auszusondern.

Von den Bildern, die hier in Betracht kommen, hat Tschudi auf zwei hingewiesen, die unserem Crucifixus am nächsten stehen. Das eine ist die Kreuzigung der Eremitage, ein Altarflügel, zu dem als Gegenstück ein jüngstes Gericht gehört [2]). Auch hier die gleiche Unkenntnis des Nackten in den Leibern Christi und der beiden Schächer, auch hier die gleiche sprühende Lebendigkeit in Mienenspiel und Bewegung. Wie wahr ist der Hohn in dem Lächeln des Juden, wie tief ergreifend der Schmerz der heiligen Frauen! Auch das Erdreich mit seinen Steinen und Rissen, die Landschaft mit ihrem fernen Schneegebirge und ihrer phantastischen Architektur, der Himmel mit seinen köstlichen Wolken sind in beiden Gemälden ganz ähnlich. Wer das Berliner dem Hubert zuerkennt, kann ihm die Petersburger Altarflügel nicht absprechen.

---

1) In den Miniaturen französischer Handschriften nimmt man allerdings ein Streben wahr, das dem der Brüder van Eyck entspricht. Doch scheinen diese Versuche zur Annäherung an die Natur gleichzeitig und parallel neben einander hergegangen zu sein, nicht auf einander eingewirkt zu haben.

2) Kaemmerer S. 42. 43.

Bei dem zweiten Bilde, dem heiligen Franciscus in Turin [1]), gibt Tschudi an, dass es dem Crucifixus im Kolorit so verwandt sei, wie kein anderes Werk der van Eyckschen Richtung. Auch der Leib des Gekreuzigten, das Schneegebirge in der Landschaft, die Behandlung der Pflänzchen und des Baumschlags stimmen überein. Da man einen Künstler noch leichter an seinen kleinen Fehlern als an seinen Vorzügen erkennt, sei noch auf folgende zwei Eigenthümlichkeiten hingewiesen. Hubert hat die Neigung, seine Faltenmassen in langen geraden Linien fallen zu lassen, aber diese führt er nicht immer senkrecht, sondern theilweise auch den Gesetzen der Schwerkraft zum Trotz in mehr oder weniger schräger Richtung. Bei dem Crucifixus tritt dies am deutlichsten bei dem vorn herabhängenden Zipfel vom Mantel des Johannes zu Tage; doch auch die Gewandung der Mutter ist von diesem Fehler nicht ganz frei. Auf den Petersburger Bildern macht sich jene Vorliebe für die schräge Linie nicht minder geltend, namentlich beachte man die Mäntel des Täufers und der Maria, die zu den Seiten des Weltenrichters knien. Am störendsten aber spricht sich die Nichtachtung des Künstlers gegen die Schwerkraft in dem linken Aermel des heiligen Franz und dem rechten seines schlafenden Genossen aus; auch die Stellung des Gewandes über dem Fusse gibt davon Zeugnis. — Die zweite Eigenthümlichkeit hängt mit Huberts mangelhafter Kenntnis des menschlichen Körpers zusammen. Bei dem Johannes des Crucifixus ist die Stellung der Füsse zwar sehr charakteristisch für das Bewegungsmotiv; aber sie sind ohne jede Rücksicht auf ihren Zusammenhang mit Bein und Rumpf dem Gewandsaum angefügt; und ganz dasselbe wiederholt sich bei den zwei Gestalten des Turiner Bildchens.

Die drei Werke, die wir hier nach dem Vorgange Tschudis zusammengestellt haben, verrathen also ganz unzweideutig die gleiche Künstlerhand; trotzdem stehen sie keineswegs auf der gleichen Höhe des malerischen Könnens. An Tiefe und Gewalt des Ausdrucks bleibt der Kopf des Petersburger Christus weit hinter dem des Berliner zurück; so ungelenke Gestalten, wie den Erzengel Michael des jüngsten Gerichts oder den Kriegsknecht, den man im Mittelgrunde der Kreuzigung vom Rücken her erblickt, wird man auf den zwei anderen Bildern vergebens suchen. In der Naturwahrheit der Landschaft, der Schönheit ihrer Komposition, der flotten Freiheit ihrer Mache steht das Turiner Gemälde ebenso hoch über dem Berliner, wie dieses über dem Petersburger. Wir haben hier eben einen Künstler vor uns, der in stetem Werden ist; bei jedem seiner Werke lernt er zu, um das Folgende besser zu gestalten, und wird so niemals müde, sich selbst zu übertreffen. Es darf uns daher nicht Wunder nehmen, wenn andere noch frühere Bilder auch hinter den Petersburger Altarflügeln zurückstehn. Ein Maler, der sich aus den Fesseln mittelalterlicher Tradition erst zu der Freiheit moderner Naturanschauung emporringen musste, konnte nicht schon gleich in seinen ersten Werken der vollendete Meister sein.

1) Kaemmerer S. 113; Klassischer Bilderschatz 1543.

Dies schicken wir voraus, um schon an dieser Stelle den Zweifeln entgegenzutreten, die man gegen die beiden Karthäusermadonnen neuerdings erhoben hat. Eine Notiz vom Jahre 1471 schreibt den heiligen Franciscus dem Jan van Eyck zu; doch dies bedeutet nicht viel, da schon um die Mitte des fünfzehnten Jahrhunderts der Ruhm des älteren Bruders über dem des jüngeren ganz vergessen war. Es ist also sehr natürlich, dass man das Werk eines Malers, den damals kein Mensch mehr kannte, auf einen berühmteren Namen umtaufte, um so mehr als dies ein so nah verwandter war. Desto grössere Beachtung verdient es, wenn in dem Inventar, das Blaise Hutter über den Kunstbesitz des Erzherzog Ernst 1595 aufgestellt hat, ein Bild des „Rupert van Eyck" verzeichnet ist, das man jetzt nicht ganz sicher, aber doch mit sehr grosser Wahrscheinlichkeit in der Berliner Madonna mit der heiligen Barbara und einem Karthäusermönch als Stifter wiedererkannt hat[1]). Wie man sieht, ist der Vorname entstellt; doch um so sicherer darf man schliessen, dass Hutter ihn nicht erfunden hat. Denn hätte er etwas von Hubert gewusst, so würde er ihn doch auch bei seinem richtigen Namen genannt haben. Jedenfalls hatte er eine schriftliche Notiz vor sich, in welcher das H undeutlich geschrieben war; denn einzig in diesem Buchstaben liegt der Fehler, da B und P ja nur dialektisch verschieden sind. Man kann an ein anderes älteres Inventar oder an eine Quittung über den Kaufpreis des Bildes oder auch an eine jetzt verlorene Rahmeninschrift denken. Dass man Gemälde, die es nicht verdienen, hochberühmten Künstlern zuschreibt, ist etwas ganz Alltägliches; doch wenn ein Maler genannt wird, der so wenig bekannt ist, wie es damals Hubert war, so muss dies triftige Gründe haben. Neben dem Genter Altar kann also das Berliner Bildchen als das einzige Werk Huberts gelten, dem eine äussere Beglaubigung zur Seite steht; doch wie mir scheint, bedurfte es deren kaum.

Diejenigen, welche Huberts Urheberschaft bekämpfen, theilen sich in zwei Gruppen. Die einen, Tschudi an ihrer Spitze, finden das Werkchen den beglaubigten Bildern Jans so ähnlich, dass sie es nur diesem zuschreiben zu können meinen. Die andern, namentlich Kaemmerer, erklären es für zu schwach, um irgend einem der beiden Brüder anzugehören; sie sehen darin die Arbeit eines Schülers, namentlich lenken sich die Vermuthungen auf Petrus Christus. Dieser Name ist freilich unbedingt zurückzuweisen; denn den beglaubigten Werken jenes unbedeutenden Malers, die ja reichlich genug vorhanden sind, um ein sicheres Urtheil zu gestatten, steht die Karthäusermadonna noch viel ferner, als irgend einem Bilde des Jan. Doch ob jener Schüler oder ein anderer, darauf kommt für uns wenig an.

Als Tschudi die Madonna zuerst publicierte, wies er mit Recht darauf hin, dass die Nachahmung des Petrus Christus namentlich an dieses Bildchen

1) Am besten abgebildet im Jahrbuch der preussischen Kunstsammlungen X S. 160; ausserdem Bilderschatz 1261; Kaemmerer S. 90.

anknüpfe [1]). Da nun bezeichnete Werke von ihm erst seit den vierziger Jahren des fünfzehnten Jahrhunderts nachweisbar sind, zog er den Schluss, auch die Karthäusermadonna könne nicht viel früher gemalt sein, müsse also der Spätzeit Jan van Eycks angehören. Wenn man von dieser Anschauung ausging, musste die Echtheit des Bildes allerdings sehr bald angefochten werden. Denn ohne Zweifel ist es härter, bunter, weniger körperlich in der Modellirung, kurz technisch in jeder Beziehung unvollkommener, als was Jan in der Zeit seiner Vollreife geschaffen hat. Aber die Gründe für jene Datierung sind keineswegs überzeugend. Wenn bezeichnete Bilder des Petrus Christus erst seit 1446 erhalten sind, so kann er darum doch schon Jahrzehnte früher als Maler thätig gewesen sein; auch Jan hat seine Werke erst seit 1432 signiert, obwohl er schon um 1420 einen wohlbegründeten Künstlerruf besass. Ob Christus bei dem älteren oder bei dem jüngeren van Eyck in die Schule gegangen ist, wird nirgends überliefert. Man schliesst das letztere nur daraus, dass er einen Teppich gemalt hat, der auch auf einem Bilde Jans widerkehrt. Aber dieser ist höchst wahrscheinlich der Erbe seines Bruders gewesen; nichts steht also der Annahme entgegen, dass jenes Atelierstück beiden nacheinander gedient habe. Zum letzten Mal ist Christus im Jahre 1472 nachweisbar; folglich kann seine Geburt noch an das Ende des vierzehnten Jahrhunderts fallen. Wir wissen also gar nichts darüber, ob er bei dem jungen Hubert oder bei dem alten Jan seinen Unterricht empfangen hat; eins ist ebenso wohl möglich, wie das andere. Da er nicht nur die Karthäusermadonna, sondern auch die Petersburger Altarflügel nachgeahmt hat, darf man das erstere sogar für wahrscheinlicher halten.

Diesen Vermuthungen gegenüber scheint mir in der Karthäusermadonna selbst der sichere Beweis zu liegen, dass sie nicht nur älter ist als der Genter Altar, sondern auch als die Petersburger Kreuzigung. Auf jenem sind die Wolken mit weissen Lasurfarben auf den blauen Himmelsgrund aufgetragen, so dass dieser leicht hindurchschimmert. Die volle Naturwahrheit der späteren Niederländer ist nicht in ihnen erreicht; doch geben ihre leichten, schönen Formen den phantastischen Eindruck, den jene luftigen Gebilde auf die menschliche Einbildungskraft ausüben, in ganz unnachahmlicher Weise wieder. Aehnlich, wenn auch minder frei und wirkungsvoll, sind sie auch auf den beiden Kreuzigungen behandelt. Bei der Karthäusermadonna ist ein ganz besonderes, fast naturwissenschaftliches Studium auf sie verwandt. Alle drei Wolkenformen, die bei heiterem Himmel denkbar sind, Cirri, Cumuli und Strati, hat der Künstler in ihren Eigenthümlichkeiten beobachtet und klar unterschieden; beschattete Wolken schweben grau neben den weissen beleuchteten. Wieder erscheinen diese durchsichtig auf den blauen Grund gesetzt; doch sind die Cumuli, die schönste, aber auch am schwersten darzustellende Wolkenart, mit kleinen, fast regelmässig gestellten Zacken eingefasst, die mehr an den bordierten Besatz eines Frauenhemdes, als an Wolkenränder erinnern. Man darf kühnlich be-

1) Jahrbuch X S. 165.

haupten, dass, wer den Himmel des Genter Altars auch nur gesehen, geschweige denn selbst gemalt hatte, niemals zu dieser kindlichen Stilisierung hätte zurückkehren können. Sie bezeichnet den ersten unbeholfenen Versuch auf einem Gebiete der Naturbetrachtung, auf das sich kein Künstler vorher gewagt hatte; genial im Erfassen des Wesentlichen, vermag er die gestellte Aufgabe technisch noch nicht zu bewältigen.

Eins scheint dieser Annahme freilich entgegenzustehn, doch hat dies, wie wir sehn werden, ganz besondere Gründe. Abgesehn von den Wolken ist nämlich die Landschaft frischer empfunden und naturwahrer, als auf irgend einem andern Bilde der beiden Brüder, ein Umstand, der übrigens schon allein genügt, um jeden Gedanken an Petrus Christus oder sonst einen untergeordneten Schüler auszuschliessen. Lassen wir zwei Ausnahmen, auf die wir später noch zurückkommen, einstweilen bei Seite, so ist die Art der van Eyckschen Landschaftsmalerei nur aus gänzlichem Mangel an perspektivischem Wissen erklärlich. Der Künstler will möglichst viele hübsche Einzelheiten auf seinem Bilde vereinigen, und um den Raum dafür zu gewinnen, rückt er den Horizont ganz unnatürlich in die Höhe. Am schlimmsten tritt dieser Mangel in der Petersburger Kreuzigung und den drei Marien am Grabe Christi hervor, aber auch die andern Gemälde sind davon nicht frei. Etwas wird er gemildert, wenn der Schauplatz nicht im Freien ist, sondern man die Landschaft nur durch Fenster oder Arkaden erblickt. Der Grund liegt darin, dass hier die Architektur den obersten Theil des Gemäldes ausfüllt; sollte also der Himmel trotzdem zur Geltung kommen, so musste der Horizont etwas niedriger sein; zu hoch aber bleibt er auch in diesem Falle. Die Ferne ist daher immer unnatürlich, so schön auch die Einzelheiten ausgeführt sind. Unser Bildchen macht eine Ausnahme. Das unendliche Erstrecken der Ebene ins Weite, das Verschwinden des Horizontes in blauem Dämmer, aus dem, kaum noch erkennbar, einzelne Kirchthürme hervorragen, ist hier mit wunderbarer Meisterschaft wiedergegeben; doch liegt dies nicht an einer gereifteren perspektivischen Kenntnis. Denn während die Halle des Vordergrundes sich zu ebener Erde befindet, ist doch die Landschaft dargestellt, als wenn man sie von einem Kirchthurm aus erblickte. Die Forderung des einheitlichen Augenpunktes ist also dem Künstler noch ganz unbekannt. Jene überraschende Schönheit der Ferne kann also nur darin ihren Grund haben, dass er sie getreulich der Natur nachbildete; d. h. unser kleines Gemälde zeigt uns eine Vedute, die einzige, die aus der Werkstatt der beiden Brüder hervorgegangen ist.

Dass ihre Landschaften sonst immer ideale Kompositionen sind, ist bei der grossen Mehrzahl zu augenscheinlich, um eines Beweises zu bedürfen. Nicht ganz unbegründete Zweifel können nur die Madonnen des Louvre[1]) und der Sammlung Rothschild[2]) erregen, ja bei der ersteren hat man sogar die Stadt

1) Bilderschatz 199; Kaemmerer S. 87.

2) Jahrbuch XV S. 65; Bilderschatz 865; Kaemmerer S. 89.

bestimmen wollen, die ihr Hintergrund darstelle; doch hat sie bisher noch Keiner auf der bewohnten Erde zu finden vermocht. Dass man sie auch niemals finden wird, beweist nichts deutlicher als der Vergleich der Bilder. Der Fluss ist auf beiden derselbe; sowohl die Brücke als auch die sehr charakteristischen Windungen seines Laufes stimmen genau überein, so genau, dass sie beidemal von demselben Punkte aus aufgenommen sein müssten, wenn sie in Wirklichkeit vorhanden wären. Aber das Gebirge hinter ihm, die Stadt an seinen Ufern sind verschieden, und die kleine Insel, die ihn bei der Louvremadonna so anmuthig unterbricht, fehlt noch auf dem früheren Bilde; sie ist ein verschönernder Zusatz, mit dem der Künstler das Landschaftsmotiv bei seiner Wiederholung bereichert hat. Der Hintergrund des Kanzlers Rolin ist also jedenfalls freie Komposition, und dass Gleiches auch von dem andern Bilde gilt, scheint mir das Schneegebirge auf seiner linken Seite zu beweisen. Dieses ist nämlich ein unvermeidliches Requisit der van Eyckschen Ideallandschaft; ausser den beiden Pariser Madonnen findet es sich noch bei der Dresdener, bei den zwei Kreuzigungen, bei dem heiligen Franciscus, bei den drei Marien, auf dem Genter Altar, kurz es fehlt bei keiner Landschaft der Brüder, die in Farben ausgeführt ist. Wenn die Karthäusermadonna in Berlin die einzige Ausnahme bildet, so beweist schon dies, dass ihr Hintergrund in dem Werke der van Eycks eine ganz exceptionelle Stellung einnimmt. Wahrscheinlich hatte der Stifter verlangt, dass nicht nur er selbst, sondern auch die Umgebung seines Klosters getreulich abkonterfeit werde, und unter diesem Zwange, sich streng an die Natur zu halten, brachte denn auch der Künstler die naturwahrste Landschaft zu stande, die ihm je gelungen ist.

Suchen wir in dem Bildchen nicht die Meisterschaft des fertigen Künstlers, wie sie uns in den beglaubigten Werken Jans entgegentritt, so liegt kein Grund mehr vor, es einem der Genter Brüder abzusprechen; zu den Lehrjahren eines grossen Meisters passt es aufs Beste. Freilich ist das Christkind „ein schwachgliedriges Püppchen“; aber wie die beiden Kreuzigungen uns gelehrt haben, lag Huberts Stärke niemals in der Darstellung nackter Körper. Es ruht nicht fest auf den Armen der Mutter, sondern sie berührt es nur leise mit ihren Händen; wäre es wirklich, so müsste es zu Boden fallen. Aber dass Hubert „die einfachsten Gesetze der körperlichen Schwere ignoriert“, trat ja auch in seinem Faltenwurf mitunter hervor. Um „Gesetze“ und Theorien kümmerte sich eben der Analphabet nicht viel, sondern studierte mit frischem Blick die äussere Erscheinung der Dinge. Auch dass die Gestalten hölzern, die Gesichter etwas leer und puppenhaft erscheinen, muss zugegeben werden. Eine Ausnahme macht nur der Stifterkopf, weil seine Darstellung, wie die der Landschaft, auf unmittelbarem Naturstudium beruht; doch erreicht auch er noch lange nicht die Grösse der Auffassung und die Schärfe der Charakteristik, die Huberts spätere Köpfe auszeichnet. Aber gerade das erscheint mir charakteristisch für unseren Meister, dass er in der Landschaft schon sein Höchstes leisten konnte, als ihm in der Wiedergabe des Figürlichen noch ein weiter Weg bis zur Vollendung übrigblieb.

Dass mit unserem Bildchen die Madonna der Sammlung Rothschild aufs Engste zusammenhängt, hat Tschudi so abschliessend dargelegt[1]), dass wir nicht dabei zu verweilen brauchen. Auch sie kann fast für ein beglaubigtes Bild des Hubert gelten, da sie denselben Karthäusermönch mit derselben Schutzheiligen zeigt, nur in jüngeren Jahren. Danach muss sie in noch frühere Zeit zurückgehn, als das Berliner Gemälde. Wenn trotzdem die Gesichter der Idealgestalten vielleicht ein klein wenig ausdrucksvoller sind, so wird dies daran liegen, dass hier die Kraft des Künstlers nicht durch ein so winziges Format eingeengt war. Gleichwohl verräth sich in dem späteren Bilde auch diesmal mancher wesentliche Fortschritt. Die Architektur des Vordergrundes erscheint bei der Madonna Rothschild nur als flache Kulisse; bei der Berliner besitzt sie schon einen Raumgehalt, der höchst überzeugend wirkt. Denn dass die Seitenwand in Folge ihrer mangelhaften Perspektive etwas geneigt zu stehen scheint, wird nur ein sehr scharfer Beobachter wahrnehmen. In Paris steht der Thurm der heiligen Barbara nicht in der Mitte; er müsste also die eine seiner Seitenflächen, wenn auch in starker Verkürzung, sehn lassen; da dies nicht der Fall ist, wirkt er fast wie ein bemaltes Pappstück. In Berlin ist der Versuch einer perspektivischen Zeichnung an ihm schon gemacht, freilich in der Führung der Linien noch nicht ganz gelungen. Was aber die Hauptsache ist, auch das Stifterbildnis ist viel energischer in seiner Charakteristik; auf dem Rothschildschen Gemälde erscheint es noch fast ebenso flach, wie die Köpfe der Idealgestalten; auf dem Berliner spricht schon eine mächtige Individualität aus ihm.

Bei der Wiederholung des Bildnisses hat der Künstler nur Kopf und Hände auch zum zweiten Mal nach der Natur gemalt; die Gewandung wiederholt er, aber nur frei aus dem Gedächtnis, er kopiert sie nicht. Denn der schmale Streif der Kutte unter dem Arme zeigt auf dem Pariser Bilde einen viel malerischeren Wurf, den ein geschmackvoller Kopist auf dem späteren Werke gewiss nachgebildet hätte, wenn er bei Herstellung desselben das frühere vor sich stehn gehabt hätte. Dass trotzdem zahlreiche Faltenmotive bis in die kleinsten Einzelheiten genau wiederkehren, zeugt also nur für jenes erstaunliche Formengedächtnis Huberts, in dem wir vielleicht das bezeichnendste Merkmal seiner ganzen Kunst gefunden haben. Das Verhältnis der beiden Gewandungen definiert Tschudi sehr gut, indem er das Pariser Exemplar für härter, aber naturwahrer erklärt. In der Wiederholung hat Hubert die meisten Falten gesänftigt und erweicht, wodurch das Berliner Bild einen Uebergang zu seiner späteren Behandlung der Kleiderstoffe herstellt. Gleichwohl erscheint es auch in dieser Beziehung noch recht alterthümlich; namentlich tritt die gleiche Neigung zum Stilisieren, wie in den Wolkenrändern, auch in dem Faltenwurf hervor.

---

1) Jahrbuch XV S. 65.

Man beachte nur, wie dasselbe Motiv dreimal nebeneinander an dem Aermel des Stifters wiederkehrt und wie der Mantel der Madonna in streng geschwungener, mehrmals wiederholter Bogenlinie nach unten ausläuft.

Bisher haben wir das hervorgehoben, was die beiden Karthäusermadonnen von den andern Bildern Huberts scheidet und als Frühwerke charakterisiert; doch auch das Gemeinsame, was sie verbindet, darf nicht vergessen werden. Namentlich in dem Berliner Bildchen, das ihnen zeitlich näher steht, tritt es bei allen Verschiedenheiten deutlich hervor. Stellung und Gewandung der Maria ist hier ganz ähnlich wie bei der Schmerzensmutter des Crucifixus, namentlich kehrt der vorgestreckte Bauch, die Neigung des Hauptes und das bezeichnende Motiv wieder, dass der grosse Mantel, vorn aufgenommen, in einem breiten Zipfel herabhängt und, um ihn auch seitlich zu gliedern, unter die Arme gepresst ist. Die Lust an der Darstellung durchsichtiger Stoffe verräth sich in den Lendentüchern Christi auf beiden Kreuzigungsbildern und ebenso in dem köstlich gemalten Baldachin über der Madonna und der Windel ihres Knäbleins. Der Kreuzesstamm dort, hier die Fliesen des Fussbodens zeigen die gleiche charakteristische Neigung, die perspektivischen Linien nicht nach der Mitte, sondern ein wenig seitwärts zu führen. Vor allem aber sind die Landschaften von ganz verwandter Art. Die Behandlung des Baumschlags, die Art, wie das Laub der Büsche und Bäume sich vom Grunde abhebt, selbst die Windmühle im Hintergrunde wiederholen sich auf beiden Kreuzigungen und beiden Karthäusermadonnen. Wie bei diesen, so ist auch bei dem heiligen Franciscus die Ferne durch zahllose kleine Figürchen belebt; hier erblickt man sogar den gleichen Fährmann, der eine Anzahl Menschen in seinem Bote über den Fluss setzt. Am charakteristischen sind die Vogelschwärme, die auf allen diesen Bildern, wie auch auf der Einsiedler- und Pilgertafel, die Luft in reizendem Gewimmel durchschneiden. Selbst bei der winzigen Berliner Madonna kann man an der Art des Fluges deutlich erkennen, welche besonderen Vögel in jedem Falle gemeint sind.

Aber kehren dieselben Eigenthümlickeiten nicht auch bei Jan van Eyck wieder? Hat Tschudi nicht recht, wenn er in den Karthäusermadonnen seine Art so unverkennbar wahrzunehmen meint, dass er sie ihm trotz jener Inventarnotiz des Blaise Hutter zuschreibt? Auch wir haben in der mangelhaften Belebung der Gestalten ein wesentliches Kennzeichen Jans erkannt, und auf diesen Bildern ist sehr wenig Bewegung und dies Wenige nicht gerade glücklich. Das kann eine Jugendschwäche Huberts sein, über die er später hinauskam, während sein Bruder immer daran haften blieb; doch diese Auslegung ist nicht zwingend. Prüfen wir also, ob diejenigen Bilder, bei denen Jans Autorschaft über jedem Zweifel steht, mit unseren Madonnen wirklich so nahe Verwandtschaft zeigen, dass Tschudis Annahme gerechtfertigt erscheint. Eine gewisse Aehnlichkeit darf uns dabei allerdings nicht stutzig machen, da diese ja auch zwischen Meister und Schüler sehr natürlich wäre. Zwischen Perugino und dem jungen Rafael treten noch viel engere Berührungen hervor, ohne dass die Verschiedenheit der Personen darum zweifelhaft sein könnte.

Von Jan van Eyck besitzen wir nur ein einziges sicher beglaubigtes Bild, das landschaftlichen Hintergrund zeigt und sich auch in dieser höchst wichtigen Beziehung mit unseren Madonnen vergleichen lässt; es ist die heilige Barbara des Antwerpener Museums [1]). Auch hier bewegen sich hinter der Hauptgestalt zahlreiche kleine Figürchen; auch hier ist der Himmel von Vogelschwärmen belebt, und neben ihnen sieht man die Sichel des abnehmenden Mondes, ganz wie auf dem Berliner Gemälde. Doch dies sind Aeusserlichkeiten, die jeder Schüler seinem Lehrer abgucken kann. Prüfen wir dagegen das künstlerisch Wesentliche, so stossen wir auf einen tiefgreifenden Unterschied der Individualitäten. Die Hauptarchitektur ist bei der Pariser Madonna unbedeutend, bei der Berliner etwas besser, aber doch auch nicht sehr hervorragend, während der Thurm der Antwerpener Barbara ein Prachtstück gothischer Baukunst darstellt, wie man in der ganzen Welt kein schöneres findet. Was aber das merkwürdigste ist, er bekundet das feinste Empfinden für Reinheit des Stiles, wie es Hubert nie besessen hat. Als echter Vorläufer der Renaissance wählt dieser für seine Architekturen fast immer den Rundbogen; doch hat er sich bei dem Berliner Bilde nicht gescheut, Spitzbogen unmittelbar daneben zu stellen und zwischen ihnen eine gothische Statuette anzubringen, und auf dem Pariser ist der Sockel unter den romanischen Säulen und der Zwickel über ihnen mit gothischen Ornamenten geschmückt. Die Thürmchen, die auch hier die heilige Barbara begleiten, vereinigen Rundbogen mit Krabben und Maasswerk. Aber so hoch Jan im Architektonischen über seinem Bruder steht, so weit bleibt er im Landschaftlichen hinter ihm zurück. Auch hierin prägt sich die Vorliebe des einen für das Bewegte und Lebendige, des andern für das Todte und Ruhende aus. Gibt es etwas Langweiligeres als jene gleichmässigen Reihen kleiner Bäumchen, die wie Soldaten hinter der Antwerpener Barbara aufmarschiert sind! Wie schwach und dürftig erscheint die Behandlung des Erdreichs und der Steine im Vordergrunde, wenn wir sie mit den entsprechenden Theilen der beiden Kreuzigungen oder des heiligen Franciscus vergleichen, von dem Genter Altar ganz zu geschweigen. Die Phantasie des älteren Bruders ist eben in der Hauptsache landschaftlich, die des jüngeren architektonisch, ein Unterschied, der im tiefsten Kern ihres künstlerischen Wesens begründet ist. Hubert behandelt daher seine Architekturen, die sich immer mit weiten Arcaden ins Freie öffnen, nur als untergeordneten Rahmen für die Landschaft, Jan die Landschaft nur als Hintergrund für seine mächtige Thurmarchitektur.

Es ist also kein Zufall, dass von den beglaubigten Bildern Jans kein zweites landschaftliche Motive enthält; vielmehr scheinen sie alle darauf hinzuweisen, dass er solche Darstellungen ganz absichtlich vermied. Auf dem Londoner

1) Kaemmerer S. 75.

Verlobungsbilde [1]) und der kleinen Madonnentafel von Ince-Hall [2]) sieht man das Fenster; aber es ist nicht im Hintergrunde angebracht, wo es einen Ausblick gewähren könnte, sondern verkürzt an der Seite. Hinter der Brügger Madonna befinden sich Säulenarkaden [3]); aber sie leiten den Blick nicht, wie bei Hubert, in die freie Natur hinaus, sondern auf Wände und undurchsichtige Butzenscheiben. Die Antwerpener Madonna steht im Freien; aber durch einen bunten Prachtstoff, den zwei Engel hinter ihr emporhalten, wird die Aussicht abgeschnitten [4]). Auf der einen Brüsseler Sibyllentafel hat Jan freilich auch offene Arkaden gemalt; aber was man durch sie erblickt, ist ein städtischer Marktplatz, also wieder Architektur, nicht Landschaft. Nur die Dresdener Madonna, die zwar nicht beglaubigt ist, die aber auch wir dem Jan zuschreiben, zeigt eine sehr hübsche Fensteraussicht, welche neben einem prächtigen Burgbau auch ein wenig Landschaft sehen lässt [5]). Doch diese paar Quadratzoll nach dem Vorbilde Huberts anständig zu füllen, war eine Aufgabe, die auch die Kräfte eines geringeren Meisters nicht übersteigen konnte.

Noch ein Zweites ist an der Antwerpener Barbara sehr zu beachten: so sorgfältig sonst auch die kleinsten Kleinigkeiten ausgeführt sind, zeigen doch die Hände der Heiligen eine äusserst nachlässige Behandlung. Prüfen wir auf dieses Merkmal hin auch die übrigen bezeichneten Bilder, so werden wir einen Unterschied wahrnehmen, der sich nach den Formaten richtet. Sind sie so gross, dass die Hand eine ins Auge fallende Fläche einnimmt, so wird sie der Natur sorgfältig, wenn auch nicht sehr charakteristisch nachgemalt. Die sehr schwachen Hände des Wiener Jan de Leeuw [6]) und der Londoner Jeanne de Chenany [7]) bilden Ausnahmen; doch bei kleineren Formaten werden diese zur durchgehenden Regel. Wie bei der heiligen Barbara, so sind auch bei den Madonnen von Ince-Hall und Antwerpen die Hände der Mutter, des Kindes, der Engel entweder ganz schlecht oder besten Falles mittelmässig. Wenden wir uns nun den unbezeichneten Bildern zu, so wird man immer finden, dass sich mit Hintergründen, die ganz oder vorwiegend landschaftlich sind, gute, zum Theil geradezu prachtvolle Hände verbinden, mit geschlossenen Innenräumen schlechte. Da es sich hier nur um Gemälde kleinen oder mittleren Formates handelt, erleidet diese Regel gar keine Ausnahme. Die zahlreichen Hände, die das im Uebrigen so meisterliche Dresdener Altärchen enthält, sind alle ganz miserabel; ebenso bei der Petersburger Verkündigung [8]) und der Berliner Madonna in der gothischen

1) Museum IV 35; Klassischer Bilderschatz 283; Kaemmerer S. 63.
2) Kaemmerer S. 51.
3) Kaemmerer S. 64.
4) Kaemmerer S. 103.
5) Bilderschatz 433; Kaemmerer S. 85.
6) Kaemmerer S. 73.
7) Museum IV 35; Bilderschatz 283; Kaemmerer S. 63.
8) Kaemmerer S. 69.

Kirche [1]). Die Madonnen von Frankfurt [2]) und New-York [3]) zeigen relativ grosse Figuren; ihre Hände stehen daher auf einer etwas höheren Stufe, verdienen aber doch höchstens das Prädicat: mittelmässig. Damit vergleiche man die wundervollen Hände des heiligen Franciscus, der Madonna Rothschild, der Berliner Kreuzigung. Ueber die Petersburger kann ich leider nicht urtheilen, da die Reproduktionen, die mir von ihr vorgelegen haben, für diesen Zweck nicht genügen. Aber selbst die Berliner Karthäusermadonna zeigt trotz ihrer winzigen Kleinheit das deutliche Bestreben, die Hände klar zu gliedern und individuell zu unterscheiden. Bei der Maria sind sie fein und langfingerig, bei der heiligen Barbara breit und kurz, bei dem Kindchen rundlich, am schönsten und charakteristischsten aber bei dem Karthäuser; offenbar besitzen sie keine geringere Bildnisähnlichkeit als das Gesicht. Damit vergleiche man die elenden Hände des Dresdener Stifters, und man wird den Unterschied der Brüder van Eyck deutlich wahrnehmen.

Hiernach brauchen wir wohl kaum hinzuzufügen, dass wir auch die drei Marien am Grabe bei Sir Francis Cook in Richmond [4]) dem Werke Huberts einreihen müssen. Wer sie kennt, wird ohnehin nicht gezweifelt haben, dass sie derselben Gruppe angehören, die durch den heiligen Franciscus und die beiden Kreuzigungen repräsentiert wird. Dies ist wohl eins der frühesten Werke unseres Meisters und dürfte sich der Madonna Rothschild unmittelbar anschliessen. Denn eine so kindliche Anschauung von Perspektive, wie sie sich in der Grabesöffnung kund gibt, findet selbst bei Hubert wohl nur noch in jenem pappenen Thürmchen der heiligen Barbara ihr Gegenstück. Selbst dass die Figuren sich nach hinten zu allmählich verjüngen müssen, ist ihm noch eine ganz unbekannte Wahrheit. Der Wächter, der hinter dem Grabe sitzt, hat noch grössere Füsse als der ganz im Vordergrunde liegende, um nur das Beispiel anzuführen, das sich am leichtesten mit dem Zollstock prüfen lässt. Die Stellungen des Engels und der Kriegsknechte verrathen zwar schon ein aufkeimendes Verständnis für lebendige Bewegung, wie Jan es nie erreichen sollte; die Gestalten der Frauen aber sind noch steif, ihre Gesichter ausdruckslos, ganz wie bei den Karthäusermadonnen. Wieder ist die Landschaft der vollkommendste Theil des Bildes, sowohl in der feinen Durchbildung des vorderen Erdreichs, als auch in der reich phantastischen Erfindung des Hintergrundes. Freilich stehen die Felsen an Naturwahrheit hinter denen des Turiner Franciscus noch weit zurück; die Gebäude sehen schief und wackelig aus, und der Baumschlag ist in kleinen Pünktchen ängstlich hingetüpfelt.

Zu den drei Marien hat man den Lebensbrunnen in Madrid längst in die nächste Beziehung gesetzt [5]). Ob er ein Original unseres Meisters ist oder nur

1) Museum IV 34; Kaemmerer S. 80.

2) Bilderschatz 829; Kaemmerer S. 86.

3) Kaemmerer S. 109.

4) Kaemmerer S. 41.

5) Bilderschatz 25; Kaemmerer S. 39.

eine alte Kopie, wie jetzt die Meisten annehmen, möchte ich nicht entscheiden; denn es ist zu lange her, seit ich das Bild gesehn habe, als dass ich mein damaliges Urtheil zu wiederholen wagte. Jedenfalls gibt es eine Komposition Huberts mit grosser Treue wieder. Hier war durch die Natur des Gegenstandes ein landschaftlicher Hintergrund zwar ausgeschlossen; aber wenn die Architektur auch in Folge dessen vorherrscht, ist sie doch, namentlich in den beiden Seitenthürmen, so schwach und unorganisch, wie Jan sie nie verbrochen hätte. Die schulterlose Gestalt der Maria erinnert lebhaft an die heilige Barbara auf dem Berliner Karthäuserbilde. Die Linien der Architektur sind schon viel richtiger gezogen, als bei der Grabesöffnung des Richmonder Gemäldes; doch lässt die Verjüngung der Gestalten nach hinten zu auch hier noch viel zu wünschen übrig. Die Engel sind für ihre Stellung im Bilde zu klein, Gott Vater und seine beiden Genossen viel zu gross; doch dies könnte vielleicht Absicht sein. Aber dass die Engel, die vor den andern in den Söllern der Thürme stehn, kleiner sind, als diejenigen, welche hinter ihnen auf dem Rasen sitzen, lässt sich nur als perspectivisches Ungeschick deuten. Auch jene Steifheit der Haltung, jene starren Gesichter kehren hier wieder, obgleich sich in den Juden des Vordergrundes und in dem Spiel der Engel doch schon ein beginnendes Verständnis für lebendige Körperbewegung kund gibt. So grossartig dies Bild in seiner Komposition auch ist, technisch erscheint es doch als eine recht primitive Leistung, die nicht nur hinter dem Franciscus und den beiden Kreuzigungen, sondern auch hinter der Berliner Madonna noch weit zurücksteht.

Dem Lebensbrunnen scheint mir ein kleines Köpfchen recht nahe zu stehen, das offenbar nur Fragment eines grösseren Bildes ist. Im Berliner Museum, wo es sich befindet, wird es für ein Bildnis gehalten, dürfte aber wohl eher ein Idealkopf im Sinne Huberts sein. In der Härte seiner Modellierung, der Schärfe der Zeichnung, mit der es alle charakteristischen Linien in derben Strichen wiedergibt, erinnert es sehr an die Köpfe im Vordergrunde des Madrider Bildes, stellt aber wohl noch eine niedrigere Stufe der künstlerischen Entwicklung dar.

Bei den bisher besprochenen Bildern war ihre Herkunft von Jan van Eyck schon früher nicht unbezweifelt geblieben; bei der Madonna des Kanzlers Rolin [1]) dagegen ist bis jetzt Alles über den Urheber einig, obgleich sie der Art des jüngeren Bruders vielleicht noch weniger entspricht. Aber da keiner an Hubert dachte, fiel Jan oder nicht Jan mit echt oder unecht zusammen, und bei einem so hohen Meisterwerke wäre jeder Zweifel an seiner „Echtheit" fast wie Lästerung erschienen. So sind wir denn bei diesem Gemälde gezwungen, der herrschenden Meinung am schroffsten entgegenzutreten, und werden daher etwas länger dabei verweilen müssen. Wir beginnen mit der entscheidenden Frage, ob es chronologisch erlaubt ist, das Bild noch dem Hubert zuzutheilen.

Das Geburtsjahr des Stifters ist meines Wissens unbekannt. Aus bürger-

1) Bilderschatz 199; Kaemmerer S. 87.

lichem Stande hervorgegangen, machte er sich seit dem Jahre 1407 in den Parlamenten bemerkbar, kann also damals nicht mehr ganz jung gewesen sein. Nehmen wir an, er habe ungefähr 35 Jahre gezählt, so würde er bei seiner Erhebung zum Kanzler im Jahre 1422 ein Fünfziger gewesen sein, und in diesem Alter scheint ihn unser Bild darzustellen. Man kann nicht ohne Wahrscheinlichkeit vermuthen, dass eben jene Standeserhöhung den Anlass geboten hat, der Madonna dies Dankgeschenk zu weihen. Im Jahre 1443 gründete er das Hospital von Beaune, wo ihn Roger van der Weyden wieder als Stifter gemalt hat, und dieses Bildnis zeigt ihn so alt und abgelebt, dass man ihm nach der äusseren Erscheinung mehr als 70 Jahre zuschreiben möchte[1]). Als er am 28. Januar 1461 starb, dürfte er die Neunzig fast erreicht, wenn nicht gar überschritten haben. Man sieht also, dass Hubert ihn in dem Alter, in welchem das Louvrebild ihn zeigt, wohl gemalt haben kann, wenn auch erst am Ende seiner Künstlerlaufbahn. Er muss die Arbeit am Genter Altar, mit der er damals jedenfalls schon beschäftigt war, zeitweilig unterbrochen haben, um die Bestellung des vornehmen Mannes auszuführen. Und dazu passt der ganze Charakter des Bildes, das augenscheinlich, wie der Altar selbst, der letzten und reifsten Zeit unseres Künstlers angehört.

Wenden wir uns nun den künstlerischen Merkmalen zu, so zeigt das Bild landschaftlichen Hintergrund und wunderbar schöne Hände, also die beiden sichersten Kennzeichen, welche die Kunst Huberts von der seines Bruders unterscheiden. Die Landschaft entspricht in der Mache und in den Hauptmotiven der Rothschildschen; aber während sie bei den zwei Karthäusermadonnen rechts und links von den Figuren in kleinen Stücken auftauchte, ist sie hier zusammenhängend in die Mitte gerückt und damit zu einheitlicher Wirkung gebracht. Viel grösser ist der Fortschritt im Architektonischen, obgleich es wieder der Landschaft gegenüber nur als Einrahmung erscheint. Auch hier finden sich, wie bei der Madonna Rothschild, romanische Arkaden mit gothischem Ornament an Basen und Zwickeln; die Bildung der Kapitele, die schon an die Formensprache der italienischen Frührenaissance erinnert, ist gleichfalls nah verwandt, doch sind die Säulen schlanker, die Bogen nicht mehr reine Halbkreise, sondern etwas überhöht, wodurch der ganze Bau leichter und doch zugleich feierlicher erscheint. Aus dem Berliner Bildchen ist das Motiv wiederholt, dass ein scharf betonter, ununterbrochener Fussbodenstreifen, der durch besonders reiche Ornamentierung in bunten Fliesen vor den andern ausgezeichnet ist, die Madonna von dem Stifter trennt. Diese absichtsvolle Scheidung des Göttlichen von dem Menschlichen entspricht ganz der Art jenes originellen Grüblergeistes, aus dessen Erfindung der Genter Altar hervorgehn sollte; Jan van Eyck wäre auf einen solchen Gedanken niemals verfallen. Dafür reicht aber diese Architektur, obgleich sie die schönste ist, die Hubert je erfunden hat, an die Leistungen seines

1) Kaemmerer S. 88. Das schwarze Haar kommt für die Altersbestimmung nicht in Betracht, da es auf den Bildnissen des Rolin unverkennbar als Perücke charakterisiert ist.

Bruders auf dem gleichen Gebiete noch nicht entfernt heran; wohl aber hat sie gedient, diese vorzubereiten. Den überhöhten Bogen, den figürlichen Schmuck der Pfeilerkapitele, die Mischung gothischer und romanischer Formen hat Jan in der Dresdener Madonna dem Bruder entlehnt. Aber die übergrosse Schlankheit der Säulen ist gemildert und alles zu einer Grösse und Harmonie der Raumwirkung verbunden, die Hubert auch in seinen reifsten Werken unerreichbar blieb.

In der Perspektive gehen die beiden Brüder ganz verschiedene Wege. Bei seinem frühesten Werk, den drei Marien am Grabe, hat Hubert sie ganz vernachlässigt. Später vervollkommnet er sich auch auf diesem Gebiete, aber ohne darin jemals zu voller Klarheit des Verständnisses zu gelangen. So benutzt er denn auch die geraden Linien des Fussbodens und der Architektur weniger um die Vertiefung des Raumes zum Ausdruck zu bringen, als um das Auge des Beschauers auf die Hauptfigur hinzuleiten. Sie konvergieren daher regelmässig nach der Madonna hin, mag diese nun in der Mitte stehn, wie in der Sammlung Rothschild, oder an der Seite, wie auf den Bildern des Louvre und des Berliner Museums. Im letzteren Falle ist also der Augenpunkt, soweit von einem solchen bei Hubert überhaupt die Rede sein kann, in die rechte Hälfte des Gemäldes verlegt. Die Verkündigung des Genter Altars lässt sich nicht als Ausnahme geltend machen, weil wir nicht wissen können, wie viel Jan daran geändert hat. Denn dieser führt die Linien immer auf die Mitte zu, ein neuer Beweis, dass die Madonna des Kanzlers Rolin nicht von ihm sein kann. Zwei Ausnahmen gibt es freilich, aber sie sind nur scheinbar. Bei der Berliner Madonna in der gothischen Kirche [1]) liegt der Augenpunkt seitlich, doch nicht, wie bei Hubert, in der Maria, welche hier ja die Mitte einnnimmt, sondern im Rahmen. Aber wie man längst bemerkt hat, war das Bild als Hälfte eines Diptychon gedacht; es fordert eine Ergänzung durch den knienden Stifter. Denkt man sie hinzu, so würde die Mitte des Ganzen thatsächlich in dem Rahmen liegen, der die beiden Tafeln trennte, und hierhin weisen ja auch die Linien des Fussbodens und der Architektur. Entsprechend wird das zweite Beispiel, das die Petersburger Verkündigung [2]) bietet, zu erklären sein. Denn auch hier weist die schmale überhöhte Form des Bildes darauf hin, dass es kein abgeschlossenes Ganzes ist, sondern als Theil eines Diptychon oder als Flügel eines dreitheiligen Altars dienen sollte.

Zum Schlusse ist noch das Bildnis des Kanzlers zu betrachten, das sich an Grösse der Auffassung und Schärfe der Charakteristik so hoch über die beiden Karthäuserköpfe erhebt, wie das Werk eines reifen Künstlers über den ersten Versuchen seiner Jugendzeit stehen muss. Und der gealterte Mönchskopf kommt ihm viel näher als der jugendliche, ein weiteres Zeichen dafür, dass die Verschiedenheiten, die noch immer bleiben, nicht die Hand eines anderen Meisters,

1) Museum IV 34; Kaemmerer S. 80.

2) Kaemmerer S. 69.

sondern das allmähliche Wachsen des gleichen verrathen. Und sucht man nach schlagenderen Analogien, so wird man sie nicht in den bezeichneten Bildnissen Jans finden, so zahlreich diese auch sind, sondern vor allem in dem heiligen Franciscus, der ja auch einen Porträtkopf trägt, nächstdem in den Stiftern des Genter Altars [1]) und dem Manne mit dem Nelken [2]), also nur in Gemälden, die entweder sicher dem Hubert angehören oder doch ihm angehören können.

Im Berliner Museum hängt in nächster Nähe des Nelkenmannes ein zweites Bildnis, das zwar auch nicht bezeichnet ist, aber doch als unzweifelhaftes Werk des jüngeren Bruders gelten darf [3]). Es stellt nämlich denselben Giovanni Arnolfini dar, den jener acht Jahre nach dem Tode Huberts auf dem beglaubigten Londoner Verlobungsbilde [4]) gleichfalls gemalt hat. Dass der Mann auf diesem sogar noch etwas jünger erscheine, halte ich zwar nicht für richtig. Auch Tschudi, der zuerst diese Wahrnehmung gemacht zu haben meinte, spricht sie doch nur sehr zweifelnd aus [5]); ein deutlich erkennbarer Altersunterschied ist also jedenfalls nicht zu bemerken. Aber wenn das Berliner Bild selbst früher sein sollte, als das Londoner, so früh, dass es noch der Lebenszeit Huberts angehören könnte, lässt es sich unmöglich ansetzen.

Betrachtet man nun die beiden Brustbilder, die in Berlin so bequem zum Vergleich auffordern, gleich nach einander, so muss sich, wie mir scheint, Jedem ganz unmittelbar die Ueberzeugung aufdrängen, dass sie unmöglich von derselben Hand sein können. Der Nelkenmann macht einen viel alterthümlicheren Eindruck; man sieht, der Maler hat mit einer Aufgabe, die ihm noch neu war, schwer gerungen und sie nicht ganz ohne Härten zu bewältigen vermocht. Der Ausdruck ist daher bei aller Schärfe der Auffassung doch etwas unfrei und befangen, die Haltung nicht ganz ungezwungen. Dagegen ist der Arnolfini leicht und sicher hingemalt, wie nur ein fertiger Meister dies vermag. Dort sind die charakteristischen Züge in scharfen Linien, mehr zeichnerisch, als malerisch hingesetzt; hier zeigt das Gesicht die zarteste Modellierung, die alle Flächen in fast unmerklichen Abstufungen der Farbe in einander überleitet. Dort ist das Kolorit trotz des feinsten Geschmackes in der Zusammenstellung der Farben etwas kalt und nicht ganz frei von einem Rest harter Buntheit, hier warm und von vollendeter Harmonie. Bei dem Arnolfini ist das Ohr unübertrefflich gezeichnet, bei dem Greise erscheint es zu abstehend, weil seine perspektivische Verkürzung nicht ganz gelungen ist. Und dieser Fehler wiederholt sich in derselben Weise bei den Köpfen der beiden Karthäusermadonnen.

Was wir bisher hervorgehoben haben, kann noch nicht für ganz entscheidend

1) Museum I 130. 131; Bilderschatz 1299; Kaemmerer S. 16—19.

2) Museum I 66; Bilderschatz 1153; Kaemmerer S. 59.

3) Jahrbuch VIII S. 172, X S. 154; Kaemmerer S. 101.

4) Museum IV 35; Bilderschatz 283; Kaemmerer S. 63.

5) Jahrbuch VIII S. 174: „Das Bild in London ist 1434 entstanden. Etwas später muss das unsrige gesetzt werden, wenn der Eindruck, dass wir es hier mit um weniges gealterten Zügen zu thun haben, nicht täuscht“.

gelten, weil es nur Unterschiede der Technik sind; denn in dieser wird ein strebender Künstler sich nicht immer gleichbleiben. Hubert selbst hat auf späteren Bildern Ohren gemalt, die denen seines Bruders nichts nachgeben, und ebenso das Kolorit desselben erreicht, wenn nicht gar übertroffen. Wichtiger ist daher das Folgende. Hubert wächst mit den Dimensionen seiner Werke; in den grossen Einzelgestalten des Genter Altars hat er sein Höchstes geleistet. Jan fühlt sich am wohlsten in bescheidenen Formaten; unter den Bildern, die er selbständig begonnen hat, ist nur ein einziges lebensgrosses, der Berliner Christuskopf, und dies ist das flachste und unbedeutendste[1]). Wie der Arnolfini, sind daher auch seine anderen Bildnisse alle klein, während der Nelkenmann sich uns in voller Lebensgrösse darstellt. Und was wir vor Allem betonen müssen, auch die ganze Auffassung, alles was der Künstler von seinem eigenen Selbst in die Dargestellten hineinlegt, ist anders. Der Gegensatz ist von ähnlicher Art, wie zwischen den Bildnissen von Dürer und Holbein. Dieser malt, was er vor sich sieht, und charakterisiert genau so weit, wie die Züge des Modells dies einer scharfen und liebevollen Betrachtung von selbst darbieten. Jener schafft sich in seinem eigenen Innern ein subjectives Charakterbild der vor ihm sitzenden Person und gibt, indem er ihre äussere Erscheinung nachbildet, zugleich sein Urtheil über sie. Daher leiden Holbeins Frauenbildnisse manchmal an einer gewissen Leere und Allgemeinheit, während Dürers weibliche Porträts, mögen sie, wie das reizende Berliner Köpfchen, gemalt oder nur gezeichnet sein, fast immer zu seinen liebenswürdigsten Schöpfungen gehören. Die weichen Formen des Frauengesichts prägen eben die Individualität minder scharf aus und verlangen daher in höherem Grade, dass der Künstler sie durch sein subjectives Empfinden belebe. Von Jan van Eyck sind zwei weibliche Bildnisse erhalten, die seine Bezeichnung tragen, die Jeanne de Chenany des Verlobungsbildes[2]) und seine eigene Frau[3]), deren Charakter er doch wohl am besten kannte. Trotzdem zeigen sie jenen Mangel, den wir bei Holbein mitunter, wenn auch nicht immer, finden, alle beide in noch erhöhtem Grade; diese Köpfe zählen zu seinen schwächsten Leistungen. Wie mächtig hebt sich dagegen die Stifterin des Genter Altars ab in der fast brutalen Gewalt ihrer Charakteristik!

Männliche Bildnisse sind auf bezeichneten Gemälden Jans verhältnismässig häufig; es finden sich drei in London, je eines in Brügge und in Wien. Unter ihnen sind einzelne, namentlich das Londoner Porträt von 1433[4]), die sich dem Nelkenmanne und dem Jodocus Vydt an künstlerischem Werth wohl gleichstellen lassen, ja sie vielleicht sogar übertreffen, wie ja auch Holbeins Erasmus dem Dürerschen vorzuziehen ist. An Harmonie der Farbe, Feinheit der Modellierung,

1) Kaemmerer S. 93.

2) Museum IV 35; Bilderschatz 283; Kaemmerer S. 63.

3) Kaemmerer S. 99.

4) Kaemmerer S. 57.

schlichter Treue der Nachbildung leistet Jan mitunter noch Besseres als sein Bruder und kann sich den Grössten aller Zeiten an die Seite stellen; aber niemals besitzt er diese wuchtige Kraft der subjectiven Auffassung, die dem Nelkenmann, dem Kanzler Rolin und den Genter Stifterbildnissen eigen ist.

Noch bezeichnender als die Gesichter sind auch hier wieder die Hände. Die des Arnolfini gehören nicht zu den schlechtesten, die Jan gemalt hat: die Gestaltung der Haut mit ihren durchscheinenden Sehnen und den zarten Halbschatten an den Knöcheln ist sehr fein wiedergegeben, aber die Struktur des Gliedes in seiner Gesammtheit doch nur mangelhaft verstanden. Bei den Händen des Nelkenmannes hat der Künstler weniger die Oberfläche, als den Zusammenhang von Sehnen, Muskeln und Gelenken studiert. Sie sind von sprühendem Leben, wenngleich nicht ohne Fehler; doch auch diese charakterisieren die Kunst Huberts in den früheren Stadien ihrer Entwickelung. An der Linken ist der Daumen zu lang; aber dasselbe bemerken wir fast an allen Händen auf den beiden Karthäuserbildern, namentlich an denen des Stifters. In seinen Bildnissen hat Hubert diesen Mangel zwar später überwunden; in den Idealhänden, die nicht unmittelbar der Natur nachgebildet sind, begegnet er uns noch in den früheren Theilen des Genter Altars. Ein zweiter Fehler liegt darin, dass die oberen Fingergelenke steif bleiben, obgleich die unteren stark gebogen sind, eine Handhaltung, die, wie jeder an sich selbst beobachten kann, in der Natur kaum möglich ist. Aber auch sie kehrt an den Händen der Gottesmutter und der heiligen Barbara auf dem Berliner Bildchen wieder und ist selbst bei dem winkenden Finger des Genter Verkündigungsengels noch bemerkbar. Vielleicht ist diese Unart daraus zu erklären, dass Hubert seine Handstudien nach der Natur an Stifterbildnissen gemacht hatte. Denn wenn man die Fingerspitzen zusammenlegt, so wird durch ihren gegenseitigen Druck das obere Glied in steifer Lage festgehalten, auch wenn das untere sich biegt. Diese Beobachtung scheint er dann auch auf Stellungen der Hand übertragen zu haben, zu denen sie nicht mehr passte.

Der Wahlspruch, den Jan van Eyck so gern unter seine Bilder setzt: „Als ich kann", ist mehr als blosse Phrase gewesen. Im Gegensatze zu dem kühn strebenden Hubert war er eine schüchterne und bescheidene Natur, die bewährte Vorbilder nachzuahmen liebte, sich nicht leicht auf neue Bahnen wagte und die Grenzen ihres Könnens klar empfand. Wie er landschaftliche Hintergründe mit klugem Bedacht vermied, so hat er auch Hände nur gemalt, soweit er musste. Bei seinen Brustbildern lässt er niemals mehr als die eine vollständig sehen, und auch diese nur, wenn sie etwas hält, worauf die Aufmerksamkeit des Beschauers gelenkt werden soll; so den Verlobungsring bei dem Wiener Leeuw[1]), so die Papiere bei dem Berliner Arnolfini und dem Londoner Bildnis von 1432[2]). Bei seiner Frau[3]) hat er die Hände zum Theil hinter dem Rahmen

1) Kaemmerer S. 73.

2) Kaemmerer S. 52. 101.

3) Kaemmerer S. 99.

versteckt; bei dem Wiener Greisenbildnis[1]), dem Londoner Männerkopf von 1433[2]) und der Porträtzeichnung des Louvre[3]) ganz weggelassen. Jener Alte in der Berliner Galerie hält beide Hände, nicht nur die Rechte mit Nelken und Ring, sondern auch die leere Linke, recht geflissentlich dem Beschauer entgegen, als wenn der Künstler sich ihrer rühmen wollte. Auch dass, wie hier, beide Ohren zugleich deutlich sichtbar werden, kommt bei keinem Kopfe Jans, mag er einem Bildnis oder einer Idealgestalt angehören, jemals vor. Selbst bei dem Berliner Christus und dem Londoner Arnolfini, die sich in voller Vorderansicht darstellen, sind sie zum grössten Theil verhüllt.

Die selbständigen Bildnisse des Jan van Eyck sind fast alle durch seine Signatur beglaubigt; neben dem Berliner Arnolfini macht nur der Wiener Greisenkopf eine Ausnahme. Zu diesem aber befindet sich in Dresden eine vorbereitende Zeichnung, der in leichter, sicherer Kursive die beabsichtigten Farben beigeschrieben sind; er kann also nicht von dem Analphabeten Hubert herrühren. Ihm möchte ich dagegen das Hermannstädter Brustbild, obgleich ich es nur aus der Zinkotypie bei Kaemmerer (S. 55) kenne, mit einiger Sicherheit zuschreiben. Zwar zeigt es noch nicht die Grösse und Kraft der Individualisierung, wie der Nelkenmann und die späteren Bildnisse Huberts. Doch daraus wird man nur auf frühere Entstehung schliessen dürfen; den beiden Darstellungen des Karthäusermönches steht es jedenfalls nicht nach. Das Ohr zeigt hier noch jene mangelhafte Verkürzung, das Gesicht den alterthümlich starren Ausdruck, der uns bei den Frühwerken Huberts bis zu dem Manne mit den Nelken herab begegnet ist, aber auf keinem sicheren Werke Jans mehr vorkommt. Zu diesen Mängeln stehen die prachtvollen Hände, die wieder beide in voller Ausdehnung hingemalt sind, in auffälligstem Kontrast. Das Motiv, dass die Rechte den Verlobungsring hält, kehrt auch auf einem beglaubigten Werke Jans, dem Wiener Jan de Leeuw[4]), wieder, so dass sich leicht ein Vergleich anstellen lässt. Wie dürftig und unorganisch erscheint auf diesem Bilde, das sonst zu den schönsten Porträts des jüngeren van Eyck gehört, die Bildung der Hand, wenn wir die des Hermannstädter Jünglings daneben halten!

Wie abhängig Jahn von seinem Bruder war, ergibt sich wohl am deutlichsten aus seinen Bildnissen. Für die Brustbilder besitzt er ein ganz festes Schema, das nur einmal im Laufe des Jahres 1433 eine kleine Abänderung erleidet und sich dann völlig gleichbleibt. Immer ist der Kopf nach links gewandt und zeigt sich immer in Dreiviertelansicht. Die Beleuchtung ist dadurch bedingt, dass der Künstler mit dem Rücken gegen das Fenster sitzt, aber etwas rechts von demselben, damit der Schatten der malenden Hand nicht auf das Bild falle. Der Darzustellende ihm gegenüber empfängt also das Licht fast

1) Kaemmerer S. 70.
2) Kaemmerer S. 57.
3) Kaemmerer S. 54.
4) Kaemmerer S. 73.

ganz von vorn, aber doch etwas stärker auf seiner rechten, nur halb sichtbaren Seite. Nach dem älteren Schema, das durch ein Londoner Bild mit der Jahreszahl 1432, den Wiener Greisenkopf und eine Handzeichnung des Louvre vertreten ist[1]), steht auch das Ohr noch im Lichte und die Augen folgen der Richtung des Gesichts, sind also halb seitwärts gewandt. Nach dem jüngeren, das sich bei einem zweiten Londoner Männerkopf (1433), dem Jan de Leeuw (1436) und dem Brügger Frauenbildnis (1439) findet[2]), ist das Ohr ins Dunkel gerückt und dadurch auch der Schatten auf der linken Wange um ein Weniges vertieft. Die Pupillen nähern sich den linken Augenwinkeln, so dass sie trotz der etwas abgewandten Haltung des Gesichts den Beschauer voll anzublicken scheinen. Der Berliner Arnolfini steht zwischen beiden Typen in der Mitte; er zeigt schon die Beschattung des Ohres, aber noch nicht jene lebendigere Haltung der Augen, die Jans spätere Bildnisse auszeichnet. Ich möchte ihn daher in den Anfang des Jahres 1433 setzen, unmittelbar vor das zweite Londoner Bildnis, dem er auch sonst in der ganzen Behandlung am nächsten verwandt ist. Wie man sieht, ist das erste Schema dem Hermannstädter Kopfe genau nachgeahmt; in dem zweiten scheint die veränderte Führung des Lichtes, die ein noch zarteres Modellieren im Halbdunkel ermöglicht, Jans eigene Erfindung zu sein; die neue Augenstellung dagegen ist höchst wahrscheinlich durch den Mann mit den Nelken angeregt. Dieser dürfte gemalt sein, als Jan die Werkstatt seines Bruders schon verlassen hatte; so wird er das Bild erst 1433 kennen gelernt haben und machte sich dann die Lehre, die er aus ihm ziehn konnte, auch alsbald zu Nutze.

Jene schematische Kopfhaltung und Lichtführung beschränkt sich übrigens nicht auf die Brustbilder Jans. Sie kehrt auch bei der Jeanne de Chenany des Londoner Verlobungsbildes wieder, und wo er die Madonna als Einzelfigur malt, wie auf den Gemälden in Ince-Hall, Frankfurt, Antwerpen und New-York, da zeigt auch sie immer den Kopf in Dreiviertelansicht nach links gewandt und in der hergebrachten Beleuchtung[3]). Die Berliner Madonna in der gothischen Kirche[4]) bildet nur deshalb eine Ausnahme, weil neben sie eine zweite Tafel mit dem Stifter treten sollte. Denn wo ein solcher vorkommt, da malt der Künstler entweder *seinen* Kopf nach dem üblichen Schema, wie dies auf dem Brügger Gemälde[5]) geschehn ist und auf dem Berliner beabsichtigt war, oder den der Madonna, wie auf dem Dresdener Altärchen[6]). Dass die zweite Haupt-

1) Kaemmerer S. 52. 54. 70. Das gleiche Schema findet sich auch bei dem Berliner Bildnis der Bonne d'Artois, in dem Kaemmerer (S. 49) wohl mit Recht eine Kopie nach Jan van Eyck vermuthet. Dagegen hat das Porträt der Jacobäa von Bayern in der Kopenhagener Galerie (S. 47) mit der Art unseres Meisters gar nichts gemein.

2) Kaemmerer S. 57. 73. 99.

3) Kaemmerer S. 51. 63. 86. 103. 109; Bilderschatz 283. 829.

4) Museum IV 34; Kaemmerer S. 80.

5) Kaemmerer S. 64.

6) Bilderschatz 433; Kaemmerer S. 81. 83.

figur, mag es nun Madonna oder Stifter sein, eine andere Beleuchtung empfängt, ist dann freilich nicht zu vermeiden. Das einzige Gemälde Jans, bei dem das Licht von rechts fällt, ist die Petersburger Verkündigung [1]); aber auch hier geschieht es, um das Schema zu wahren. Denn da es bei dem Engel angewandt werden sollte und dieser nach uralter Tradition die linke Seite einnahm, liess sich die übliche Beschattung der dem Beschauer zugekehrten Wange nur erreichen, wenn man die Lichtführung umkehrte. Hubert ist von diesem ängstlichen Schematismus völlig frei; er stellt die Köpfe und ordnet die Beleuchtung, wie ihm dies für den gegebenen Fall angemessen scheint.

Dies führt uns zu dem Leipziger Stifterbildnis [2]), einem Fragment, das aus einer grösseren Madonnendarstellung herausgeschnitten ist. Lange bin ich zweifelhaft gewesen, welchem der beiden Brüder es zuzuschreiben sei. Die fetten Hände sind trefflich charakterisiert und bei der Restauration sollen Spuren eines landschaftlichen Hintergrundes bemerkt worden sein, was auf Hubert hinweisen würde. Auch das Ohr ist vielleicht nicht ganz richtig verkürzt. Andererseits zeigt das Gesicht nicht viel von jener grossen Auffassung; allenfalls könnte man es dem Mönchsbildnis der Madonna Rothschild an die Seite stellen. Entscheidend aber ist für mich die Lichtführung. Denn das Gesicht steht in vollem Licht, ohne den Schatten auf der Wange, der für Jan fast unvermeidlich ist, und auch die Madonna, die sich einst dem Stifter gegenüber befunden haben muss, konnte nur von rückwärts beleuchtet sein. Keine der beiden Hauptfiguren entsprach also jenem stereotypen Schema. Von den Bildnissen der van Eycks ist nur der Kanzler Rolin in derselben Weise beleuchtet, doch kann von schematischer Wiederholung hier nicht die Rede sein. Denn der Kopf des Leipziger Stifters zeigt die übliche Dreiviertelansicht, der des Pariser fast das reine Profil. Uebrigens stimmt bei jenem die Farbe des grünen Gewandes ganz genau mit dem Mantel der heiligen Barbara auf dem Berliner Karthäuserbilde überein. Er dürfte diesem also wohl zeitlich recht nahe stehn, wozu auch die geringere Auffassung des Bildniskopfes passen würde.

Mit noch grösserem Zweifel stehe ich dem Greisenbildnis der Sammlung Oppenheim in Köln gegenüber. Kaemmerer (S. 116) meint, es gehöre erst der Zeit nach der Mitte des fünfzehnten Jahrhunderts an, und da ich das Original nicht gesehn habe, kann ich sein Urtheil weder bestätigen noch ablehnen; doch scheint mir in der Photographie vieles für dessen Richtigkeit zu sprechen. Jedenfalls lehrt sie, dass, falls das Bild von einem der beiden Brüder ist, man dabei nur an Hubert denken kann, und zwar aus folgenden Gründen:

1) Es entspricht weder in der Haltung des Kopfes noch in der Beleuchtung dem Schema, das Jan in seinen Brustbildern ausnahmslos befolgt.

2) Die Hand ist so meisterlich charakterisiert, dass sie kaum hinter der des Iodocus Vydt zurückzustehen scheint.

---

1) Kaemmerer S. 69.

2) Kaemmerer S. 100.

3) Das Ohr erscheint etwas zu abstehend, wie bei dem Nelkenmanne und dem Hermannstädter Kopfe.

4) Die Züge des Gesichtes sind nicht in weichen Uebergängen modelliert, sondern mit scharfen Strichen gezeichnet; namentlich beachte man die recht ungeschickt gezogenen dunklen Linien, welche den Nasenrücken von den Nasenflügeln scheiden.

Bei den Porträts kam die Aufgabe der Neigung Jans für sorgsames Nachbilden der Natur entgegen. Er hat daher nur das Schema von Kopfstellung und Beleuchtung seinem Bruder entlehnt; in dem Wesentlichen der Bildnisauffassung blieb er selbständig. Desto abhängiger ist er in den Idealfiguren. Mit Ausnahme von Adam und Eva, für die er bei Hubert keine befriedigenden Vorbilder finden konnte, malt er sie fast niemals nach dem Modell, sondern kopiert nur mehr oder minder frei die Typen seines grösseren Vorgängers. Am bezeichnendsten ist hierfür das Dresdener Altärchen[1]), obgleich es zu seinen bedeutendsten Leistungen gehört. Denn abgesehn von geringen Kleinigkeiten ist darin nur die prachtvolle Architektur und die äusserst zarte Färbung sein Eigenthum, alles andere hat er Hubert entlehnt. Die heilige Katharina zeigt die Haltung der Berliner Karthäusermadonna; sie schlägt ein Gewandstück um den Arm, wie die heilige Barbara des Rothschildschen Bildes, und trägt die Krone der *Vierge au donateur.* Der Erzengel Michael präsentiert den Stifter in ganz derselben Weise, wie die Barbara in Berlin, nur dass seine Bewegung viel tölpischer ist. Bei der Maria ist das Diadem, die Vertheilung des aufgelösten Haares über die Schultern, der Typus des Kopfes, seine leichte Neigung nach links, selbst die etwas zu hohe Stellung des Ohres fast ganz so wie bei der Rothschild-Madonna; auch das Muster des Teppichs und des Gewandsaumes stimmen überein. Die Haltung ihrer Arme und Hände ist aber wieder viel ungeschickter, während das Kind an den freieren Typus der Louvremadonna erinnert. Der Stifter wiederholt Stellung und Handhaltung des Turiner Franciscus, steht aber in der Auffassung des Porträts und noch mehr in der Bildung der Hände tief unter ihm. Selbst Jan hat einen so flachen Bildniskopf und so abscheulich hölzerne Finger nicht wieder gemalt; bei Hubert wären sie ganz undenkbar. Auf den Aussenseiten zeigt der Verkündigungsengel das Motiv des Genter Altars, soweit die schmale Form der Tafel es zulässt, und die Maria klingt wieder an die Berliner Karthäusermadonna an. Während Hubert in jedem seiner Bilder einen Schritt vorwärts macht, bleibt Jan, indem er Einzelheiten aus allen Perioden des Bruders durcheinandermischt, doch in der Haltung der Figuren und noch mehr in der Zeichnung der Hände selbst hinter der primitivsten zurück.

Indem wir dies über einen so hochberühmten Künstler auszusprechen wagen, treten wir der Schätzung, die für ihn hergebracht ist, freilich schroff entgegen. Und doch verallgemeinern wir damit nur ein Urtheil, das über eines seiner

---

1) Bilderschatz 433; Kaemmerer S. 81—85.

Bilder zu allen Zeiten gefällt worden ist. Der grosse Christuskopf des Berliner Museums [1]) ist, wie allgemein zugegeben wird, nicht viel mehr als eine freie Kopie des Gott Vater vom Genter Altar [2]). Und doch trägt jenes schwache Gemälde die unzweifelhafte Bezeichnung des Jan van Eyck und die Jahreszahl 1438. Es gehört also zu seinen spätesten Werken, in denen man erwarten müsste, die höchste künstlerische Reife zu finden.

Dies Bild führt uns auf einen zweiten Christuskopf des Berliner Museums, auf kleinem Raum ein grosses Meisterwerk [3]), das noch lange nicht nach seinem vollen Werthe geschätzt wird. Die Zartheit der Modellierung und der emailartige Farbenauftrag erinnnern hier allerdings an Jan van Eyck. Doch findet sich beides ganz ähnlich auch bei den drei grossen Hauptfiguren des Genter Altars, denen unser Bildchen überhaupt sehr nahe steht. Mit ihnen hat es auch den Goldgrund und die goldenen Strahlen um das Haupt gemein, die bei Jan niemals vorkommen. Während er in seinem grossen Christuskopfe in der Hauptsache den Genter Gottvater nachahmt, hat er doch dessen Heiligenschein in ein gelbes Ornament verwandelt und den Goldgrund durch einen dunkelgrünen ersetzt. Noch wesentlicher als diese technischen Momente erscheint mir der geistige Gehalt des Bildes. Wie Bode nachgewiesen hat, gehen die Züge des Gesichtes auf einen geschnittenen Smaragd zurück, der sich damals im Besitze des türkischen Sultans befand und für das authentische Bild des Erlösers, die *vera icon*, galt. Durch Vermittlung der Venezianer, die viel am Hofe von Constantinopel verkehrten, werden Abdrücke davon ins Abendland gebracht und einer auch in die Hände des Hubert van Eyck gelangt sein. Jene Gemme ist ein schlechtes Machwerk byzantinischer Zeit ohne Geist und Ausdruck Den Profilkopf, den sie enthielt, so wiederzugeben, dass die Bildnisähnlichkeit voll bewahrt wurde, und ihn doch zugleich mit dieser wunderbaren stillen Hoheit, dieser schmerzlichen Milde des Erlösers zu erfüllen, die dem Original gänzlich fremd ist, das war eine künstlerische Leistung allerersten Ranges, deren Jan nie fähig gewesen wäre. Er hat in seinem Christus den gewaltigen Gottvater Huberts zum hohlen Puppenkopf gemacht: wie hätte er ein Gesicht, das an sich hohl war, so mit innerem Leben füllen können? Es ist einer der grössten Verluste für die Kunst, dass das Gemälde, von dem dieser herrliche Christuskopf nur ein Fragment ist, hat untergehn müssen. Doch fehlt es nicht ganz an Anhaltspunkten, um über den Gesammtinhalt der Komposition wenigstens eine Vermuthung zu gestatten.

Wir müssen dabei von der chronologischen Bestimmung des Bildes ausgehen. Im Jahre 1424 erschien der Rath der Stadt Gent im Atelier Huberts, um dort ein kürzlich vollendetes Werk von ihm zu betrachten. Dass man diese Ehre nicht einer seiner gewöhnlichen kleinen Tafeln erwies, ist klar. Mit Recht

1) Kaemmerer S. 93.

2) Bilderschatz 1306; Kaemmerer S. 27.

3) Kaemmerer S. 95.

hat man angenommen, der Besuch müsse dem Genter Altar gegolten haben, an dem unser Künstler damals jedenfalls schon lange beschäftigt war. Er hatte also 1424 eine grössere zusammenhängende Reihe von Tafeln abgeschlossen, die einer solchen Schaustellung würdig schien. Nun ist, wie ich weiter unten zeigen werde, zwar der grösste Teil des Altars noch von Huberts Hand. Aber er hat nicht die Tafeln, wie sie nebeneinanderstehen sollten, eine nach der andern systematisch angefertigt, sondern nach Lust und Laune bald diesen, bald jenen Theil des grossen Ganzen angefangen, um ihn dann wieder liegen zu lassen und sich einem andern zuzuwenden. So hat er denn bei seinem frühen Tode nur fünf Tafeln hinterlassen, die wirklich eine zusammenhängende und leidlich abgeschlossene Reihe darstellen können, nämlich Gottvater, Maria, Johannes, und die beiden Engelchöre. Diese Tafelgruppe, die ausschliesslich von seiner Hand ist und wohl als einheitliches Ganzes wirken konnte, muss er dem Genter Rath vorgeführt haben, womit wir ein festes Datum für ihre Vollendung gewinnen.

Ueber das chronologische Verhältnis, in dem der Berliner Christuskopf zu ihr steht, geben die Heiligenscheine einigen Aufschluss. Die Vorgänger der van Eycks hatten diese als grosse Goldteller gebildet, die unverkürzt, in vollem Kreise hinter den Köpfen standen. Dies nachzuahmen, widerstand dem realistischen Sinne Huberts; er hat daher auf seinen frühesten Bildern die Heiligenscheine ganz weggelassen. Erst das Studium der Schleiertücher, das mit der Berliner Karthäusermadonna beginnt — denn auf den früheren Bildern kommen sie niemals vor —, hat ihn wieder dazu zurückgeführt. Nach ihrer Analogie behandelt er jetzt auch den Heiligenschein als durchsichtigen Gegenstand, welcher die dahinter befindlichen Dinge nicht verhüllt, sondern ihre Farben und Formen nur zart abdämpft. In dieser Gestalt erscheint er auf dem Petersburger jüngsten Gericht[1]), wo die Gewänder der Engel durch ihn hindurchschimmern. Doch steht er noch immer senkrecht und steif hinter den Köpfen, ohne an ihrer Bewegung theilzunehmen; der einzige Fortschritt, den Hubert seinen Vorgängern gegenüber gemacht hat, besteht darin, dass aus dem harten Goldteller ein durchsichtiger Glasteller geworden ist. Offenbar hat diese Lösung unseren Künstler nicht befriedigt; jedenfalls ist er in keinem anderen Bilde darauf zurückgekommen. Erst in einigen seiner spätesten Tafeln, bei den drei Hauptgestalten und der Taube des Genter Altars und bei den drei Figuren des Berliner Crucifixus, tritt der Heiligenschein wieder auf, um aber hier viel schlichter und doch viel malerischer behandelt zu werden. Er zeigt sich jetzt als Bündel goldener Strahlen, das koloristisch prachtvoll wirkt und den Hintergrund sehr anmuthig durchschimmern lässt. Aber wieder ist er senkrecht hinter den Kopf gestellt, ohne Rücksicht darauf, ob dieser von vorn oder von der Seite gesehn wird. Bei dem Berliner Christuskopf dagegen ist der Versuch gemacht, die Strahlen so darzustellen, als wenn sie von der Mitte des Scheitels ausgehn. Sie folgen also den Bewegungen des Hauptes und zeigen sich, da es

1) Kaemmerer S. 43.

seitlich gewendet ist, in der Verkürzung. Wie weit diese gelungen ist, darauf kommt es hier nicht an; jedenfalls zeigt diese Art, das malerische Problem des Heiligenscheines zu lösen, einen Fortschritt auch gegenüber den Hauptgestalten des Genter Altars, woraus ich schliessen möchte, dass der Christuskopf nach ihnen, d. h. zwischen 1424 und 1426 gemalt ist.

Bode ist der Meinung, dass der Segen, zu dem Christus den Arm erhebt, einer gegenüberstehenden Maria gespendet wurde; doch dies findet in den Werken unseres Künstlers keine Analogie. Segnende Handbewegungen begegnen uns bei ihm nicht weniger als sechsmal, aber immer gelten sie sterblichen Menschen, nicht Heiligen und Seligen, die nach Huberts Anschauung eines Segens nicht mehr bedürfen. Gottvater in Madrid und Gent blickt gerade aus dem Bilde heraus auf die gläubige Gemeinde, die vor dem Altar kniend gedacht ist; das Christkind der beiden Karthäusermadonnen und der *Vierge au donateur* segnet den Stifter; bei der Johannesstatue des Genter Altars bezieht sich der Segen zwar der Legende gemäss zunächst auf den vergifteten Becher, kann aber zugleich nach der Richtung von Hand und Gesicht auch der daneben knienden Stifterin gelten. Man darf also geradezu die Regel aufstellen, dass, wo eine segnende Handbewegung sich nicht aus dem Bilde heraus an die ganze Gemeinde, sondern in das Bild hineinwendet, ein Stifter oder auch mehrere vorauszusetzen ist.

Die Gestalt des Christus drückt sich ganz eng an den gemalten Rahmen heran, ja sie greift mit einem Theil ihrer Gewandung sogar etwas über ihn hinaus. Hinter ihrem Haupte sieht man den Ansatz eines breitgespannten Flachbogens, dessen Reste deutlich zeigen, dass Christus noch lange nicht die Hälfte der ganzen ehemaligen Tafelbreite eingenommen hat. Was ihm gegenüberstand, kann also keine Einzelfigur gewesen sein. Denn ein breiter Zwischenraum ist nur denkbar, wo er, wie bei dem Kanzler Rolin, durch Landschaft oder anderes interessantes Beiwerk ausgefüllt werden konnte, nicht bei leerem Goldgrunde. Wir werden uns also in dem verlorenen Theil des Bildes wahrscheinlich eine ganze Stiftergruppe, die vielleicht noch von ihren Schutzheiligen begleitet war, zu denken haben.

Nun ist unser Fragment, wie wir schon gesehn haben, in den Jahren 1424—1426 entstanden, und nach urkundlichen Nachrichten lieferte Hubert 1424 eine Tafel für die Schöffen von Gent. Wenn wir uns deren kniende Gestalten vor Christus vereinigt denken und daneben, um den Goldgrund hinter ihnen auszufüllen, die stehenden Schutzheiligen, so wäre dies gerade die Ergänzung, welche wir für das erhaltene Bruchstück brauchen. Dass uns in dem Berliner Christuskopfe ein kleines Stück von Huberts Schöffentafel erhalten ist, kann natürlich nicht mehr als Vermuthung sein; doch scheint mir, dass sie einer gewissen Wahrscheinlichkeit nicht entbehrt.

Ehe wir uns dem Genter Altar zuwenden, müssen wir noch zwei Gemälde ausführlicher besprechen, die zu einander in der engsten Beziehung stehn, ich meine die Berliner Madonna im Rosenhaag und die Antwerpener Madonna am

Brunnen, die mit dem Namen des Jan und der Jahreszahl 1439 bezeichnet ist, also zu seinen spätesten Werken gehört[1]). Beide stimmen in der Haltung von Mutter und Kind, im Wurf der Gewandung, theilweise auch im Beiwerk so genau überein, dass die eine nur als freie Kopie der andern betrachtet werden kann, falls nicht beide Kopien nach einem verschollenen Original sind. Untersuchen wir also, in welcher dieser Madonnen wir die ursprünglichere zu erkennen haben, wobei wir einstweilen die malerischen Qualitäten der Bilder ganz aus dem Spiele lassen und uns nur an den Inhalt der Darstellung halten.

Auf den bisher besprochenen Gemälden Huberts fanden wir die Madonna von Stiftern angebetet, von Heiligen oder Engeln begleitet. Der Christusknabe sass, ohne sich nach ihr umzublicken, stolz segnend auf ihrem Arm oder Schooss; bei der Himmelskönigin sollte eben nur das Göttliche hervorgehoben werden, nicht die rein menschlichen Beziehungen zwischen Mutter und Kind. Ganz anders bei der Berliner Madonna: hier strampelt das Kindchen wie ein echtes Baby lebhaft mit Armen und Beinen, und Maria beugt liebend ihre Wange zu seinem Köpfchen hernieder. Sie ist nicht gedacht als die hehre Herrscherin, die ewig im Himmel thront, sondern als die bescheidene Frau, wie sie ihrer Zeit auf Erden gewandelt war. Daher trägt sie auch statt des Diadems oder der Krone, die auf den andern Bildern ihr Haupt zieren, nur ein einfaches Schleiertuch, und ihr Gewand ist bis auf einen schmalen Goldsaum gänzlich schmucklos. Sie steht in ihrem Gärtchen, das eine hohe Rosenhecke gegen die Aussenwelt abschliesst, neben einem zierlichen Messingbrünnlein. Dieses soll vielleicht symbolisch auf den Quell des lebendigen Wassers hinweisen, der aus ihr entsprungen ist; doch ist eine solche Beziehung nicht nothwendig, da ein Springbrunnen in einem Garten ja auch ohnedies an seinem passenden Platze ist. Als fromme Frau hat sie eben vorher in ihrem Gebetbuche gelesen, es aber jetzt auf eine gemauerte Rasenbank gelegt, um sich ganz ihrem Kleinen zu widmen. Ueber die Hecke blicken die Gipfel von Palmen, Orangenbäumen und Cypressen, ein Zug, der gleichfalls nicht ohne Bedeutung ist. In der Landschaft des Crucifixus hatte Hubert Cypressen und Pinien dargestellt, daneben aber einen entblätterten Eichbaum. Er wusste eben, dass die Passion im fernen Süden sich ereignet hatte, aber zur Osterzeit, wo auch in Italien die Laubbäume kahl zu sein pflegen, und passte den Schauplatz seines Gemäldes wohlüberlegt den geschichtlichen Bedingungen an. Auch in unserer Madonna wollte der Künstler die Mutter Gottes nicht in ihrer ewig unveränderlichen Herrlichkeit, sondern in der historischen Bedingtheit ihres Erdenwallens malen und schmückte daher den Hintergrund mit derjenigen Vegetation, die ihm für ihre südliche Heimath charakteristisch schien. Also auch in dem Beiwerk ist nichts absichtslos oder nur aus malerischen Gründen dargestellt, sondern alles dem Grundgedanken des Bildes angepasst.

Auf dem Antwerpener Gemälde trägt die Madonna das Diadem, und zwei

1) Kaemmerer S. 103. 111.

Engel breiten hinter ihr einen prächtigen Damastteppich aus, wodurch sie wieder zur Himmelskönigin erhoben und der Gedanke des andern Bildes gänzlich vernichtet wird. Der Garten mit seinem Brünnlein und die gemauerte Rasenbank sind aber geblieben, obgleich die letztere kein Buch mehr zu tragen hat, also völlig zwecklos geworden ist. Sie stellt sich nur noch als ein rudimentäres Organ der früheren Composition dar. Was ist nun als Kopie zu betrachten, das Bild, in dem jede Einzelheit eine wohlerwogene Absicht verräth, oder dasjenige, in dem zwar dieselben Einzelheiten sich grossentheils wiederfinden, aber alle Bedeutung verloren haben?

Auf dem Berliner Gemälde ist der Brunnen perspectivisch sehr schlecht gezeichnet, auf dem Antwerpener ganz vortrefflich; aber gerade dies spricht gegen die Priorität des letzteren. Denn ein geschmackvoller Nachahmer, wie es der Maler der unbezeichneten Madonna doch zum mindesten gewesen sein müsste, hätte einen so augenfälligen Schnitzer gewiss nicht in seine Kopie hineingetragen, wenn er auf dem Original das Richtige fand. Dagegen wissen wir schon, dass Hubert gerade in der Perspektive sehr schwach war und Jan ihn in dieser Beziehung wohl zu corrigieren vermochte. Auch dass der Brunnen in Antwerpen viel harmonischer im Verhältnis seiner Theile, viel zierlicher im Gesammtaufbau ist, verräth uns nur, was wir auch an andern Bildern wahrgenommen haben, dass nämlich Jan ein geschmackvollerer Architekt war als sein Bruder; für die Priorität seines Bildes spricht es nicht. Dagegen ist der Kopf der Jungfrau auf dem Berliner Bilde zwar nicht schön, aber von ernster Grösse, auf dem Antwerpener niedlich und unbedeutend. Auch das Kolorit nähert sich bei jenem in seinem schlichten Akkord von Dunkelgrün und Rothbraun sehr der Färbung des Crucifixus und noch mehr der Einsiedlertafel, obgleich es ihre feine Harmonie freilich nicht erreicht.

Nach allen diesen Kennzeichen scheint es mir nicht zweifelhaft, dass das Berliner Bild auf Hubert zurückgeht, doch kann es freilich nicht von seiner Hand sein. Dazu ist die Färbung zu schwer, der blaue Himmel hebt sich zu grell von dem Grün der Bäume ab, die ganze Behandlung erscheint zu geistlos und trocken. Ohne Zweifel haben wir eine Kopie vor uns, aber keine frei umgestaltende, wie die des Jan van Eyck es war, sondern eine ganz getreue, welche die Absichten Huberts noch in allen Einzelheiten erkennen lässt.

Wenn aber dieses Gemälde für das technische Können unseres Meisters nicht als Zeugnis gelten kann, so ist es desto charakteristischer für seine Geistesart. Jenes tiefe Grübeln, das in Allem Sinn und Zusammenhang sucht und selbst das scheinbar gleichgiltige Beiwerk nur mit Bedeutung auswählt, tritt hier in besonderer Deutlichkeit hervor. Schon Tschudi hat bemerkt, wie der Künstler in Crucifixus dem historisch Gegebenen Rechnung trägt, nicht nur in der Gestaltung der Landschaft, sondern auch indem er dem Gekreuzigten einen leisen Anklang an den semitischen Typus verleiht. Derselbe nachdenkliche Sinn zeigt sich auch in jener Unterscheidung der himmlischen und der irdischen Maria, die Hubert in allen seinen Bildern ebenso consequent durchführt, wie Jan sie ignoriert. Auf dem Genter Altar hat Jener beide Typen dargestellt, den einen, wo die Madonna neben Gottvater thront, den andern in der Verkündigung der Aussenseite. Sonst findet sich der erstere noch auf den drei Gemälden mit Stifterbildnissen, der letztere bei den Marien der beiden Kreuzigungen. Die göttliche Mutter erscheint mit einem Gefolge von Heiligen oder Engeln; reiche Architektur umgibt sie; über ihr erhebt sich ein Baldachin, oder bunte Prachtstoffe sind hinter ihrem Thron ausgebreitet. Die historische Maria steht einsam in ihrem südlichen Gärtchen, weint unter dem Kreuz oder kniet betend in schlichtem Kämmerlein. Jene zeigt sich im hermelinbesetzten Gewande und reichen Königsmantel, auf dem Haupte das Diadem oder die Krone; diese ganz einfach und schmucklos. Die Verkündigung des Genter Altars beweist nichts dagegen, weil sie von Zusätzen des Jan nicht frei ist und auch die Schmuckstücke der Madonna dazugehören können. In ihrer Himmelspracht strahlt sie in ewiger Jugend und Schönheit; in ihrem irdischen Garten steht sie als ernste, reife Frau, jedes weiblichen Reizes baar, wie ja auch ihr Sohn „ohne Gestalt und Schöne“ auf Erden wandelte, und als dieser am Kreuze sterben muss, erscheint sie sogar hässlich und stark gealtert. Die Himmelskönigin trägt nicht ein hilfloses Kind, sondern den jungen Himmelskönig, dem das Attribut des gläsernen Reichsapfels mit dem Kreuze darauf niemals fehlt; in ceremoniöser Würde hält sie ihn von sich, während er ebenso würdevoll den Segen spendet. Die menschliche Maria liebkost ihr zartes Knäblein oder klagt über den Tod des Mannes.

Dem Jan van Eyck ist diese tiefsinnige Unterscheidung ganz fremd. Auf dem Petersburger Bilde [1]) vollzieht sich die Verkündigung in einer weiträumigen Prachthalle, wie nur Könige und Fürsten sie bewohnen können, nicht die Braut des Zimmermannes. Die Madonnen von Frankfurt und Ince-Hall [2]) sitzen in bescheidenen Zimmerchen, die mit den Gegenständen des täglichen Gebrauches ausgestattet sind. Die eine lässt das Kind mit ihrem Gebetbuch spielen, die andere säugt es, Motive, die nichts weniger als königlich oder gar göttlich sind. Gleichwohl tragen beide Diadem und Königsmantel, über ihnen breiten sich Baldachine, und die eine sitzt auf goldgeschmücktem Thron. Jene segnende Handbewegung, die bei Hubert niemals fehlt, wo Stifter den göttlichen Personen gegenübertreten [3]), kommt bei Jan überhaupt nicht vor. Die Brügger Ma-

---

1) Kaemmerer S. 69.

2) Kaemmerer S. 51. 86; Bilderschatz 829.

3) Eine Ausnahme macht allerdings die Petersburger Kreuzigung (Kaemmerer S. 42), aber nur weil sich jene Handbewegung hier schlechterdings nicht anbringen liess. Denn dass die weibliche Figur, welche vorne stehend in ernster Ruhe nach der Madonna blickt, die Stifterin vorstellen soll, unterliegt für mich keinem Zweifel. Wenn Kaemmerer darin die Malerin Margarethe van Eyck erkennen möchte, so übersieht er, dass sie nicht alleinsteht, sondern auf der andern Seite des Bildes ein genau entsprechendes Gegenstück besitzt. Denn hier steht ein Mann, vom Rücken aus gesehen, der an der Handlung ebenso wenig Theil nimmt, wie jene, sondern nur die Hände betend zum Gekreuzigten erhebt. Wahrscheinlich wurde das Bild von der Dame für ihr eigenes Seelen-

donna[1]) ist in der Komposition sonst ganz ähnlich, wie die Madonna Rothschild[2]); aber dort erhebt das Christkind nicht die zwei Finger gegen den Stifter, sondern greift nach einer Blume, welche die Mutter ihm hinhält. Solch kindliche Spielerei hätte Hubert niemals mit der ernst feierlichen Darstellung der *Madonna in throno* vereinbar gefunden. Jan dagegen kümmert sich nicht um den Gedankeninhalt seiner Bilder, sondern es kommt ihm nur darauf an, wirksame Motive, die er oft seinem Bruder entlehnt — und wahrscheinlich öfter, als wir heute noch nachweisen können —, mit reicher Architektur oder glänzenden, farbenprächtigen Stoffen zu vereinigen.

Wir haben in Jan immer wieder den Nachahmer seines Bruders gefunden, und doch halten auch wir ihn für einen grossen Künstler. Frei schaffende Phantasie hat er allerdings nur in seinen Architekturen bewiesen, also nicht auf dem eigentlich malerischen Gebiete. Hier lag seine Stärke nur in der Nachbildung des ruhenden Objektes, nicht in der figürlichen Komposition. Trotzdem bedeutet seine Kunst einen wichtigen Schritt über Hubert van Eyck hinaus. Dieser hatte die Natur zwar scharf beobachtet, aber nach der Natur gemalt nur bei Bildnissen. Dies Verfahren auch auf andere Gegenstände ausgedehnt zu haben, ist wahrlich ein Verdienst, das nicht unterschätzt werden darf. Idealgestalten nach dem lebenden Modell zu bilden, war damals aber noch nicht üblich, und auch Jan hat es nicht für nöthig gehalten, weil Huberts Vorbilder ihm zu genügen schienen. Dessen Lehre hatte ihn zu dem gemacht, was er war; aber die übermächtige Grösse des Bruders drückte auch zugleich auf ihm und hemmte ihn in der Freiheit eigener Wahl. Nur wo das Ungenügende von dessen Leistungen ganz unverkennbar war, wie in der Darstellung des Nackten, hat Jan seine Modellstudien auch auf die Idealfigur ausgedehnt und so die grossartigen Gestalten des ersten Menschenpaares und den prächtigen Körper des Kindes auf dem Frankfurter Bildchen[3]) geschaffen. Aber diese hoffnungsvollen Bestrebungen gibt er schon im Jahre 1433 wieder auf; wahrscheinlich hatten sie bei den Zeitgenossen kein Verständnis gefunden. Abgesehen vom Bildnis ist ihm seitdem die menschliche Gestalt nichts weiter als ein unvermeidliches Zubehör zu ihrer leblosen Umgebung, an die sich sein Interesse jetzt ausschliesslich heftet. Mit der Darstellung jener macht er sich's daher bequem, indem er den Bruder mehr oder minder frei kopiert und zwar in den spätesten Werken am wenigsten frei. In der Ausbildung des Beiwerks, das ihm zur Hauptsache geworden ist, zeigt dagegen auch er ein stetiges Wachsthum, das sich dem unermüdlichen Streben Huberts wohl vergleichen lässt.

---

heil und das ihres Gatten gestiftet, und beide sollten auch darauf dargestellt sein. Aber der Mann war entweder schon todt oder auf weiten Reisen abwesend, so dass Hubert ihn nicht porträtieren konnte. Er malte daher ein wirkliches Bildnis nur von der Frau und gab die Gestalt ihres Gatten ihr gegenüber in der Rückansicht, die nur seine Kleider zeigte, aber sein Gesicht verbarg.

1) Kaemmerer S. 64.

2) Kaemmerer S. 89; Bilderschatz 865; Jahrbuch XV S. 64.

3) Bilderschatz 829; Kaemmerer S. 86.

In dieser Art der Malerei lassen sich bei Jan zwei Perioden unterscheiden, deren Grenze im Jahre 1434 liegt. In der ersten, die durch die Madonnen von Ince-Hall und Frankfurt und das Londoner Verlobungsbild vertreten ist[1]), spielt die Architektur noch keine Rolle, eine desto grössere das Stillleben. Am Fenster, das sich nach dem stereotypen Beleuchtungsschema Jans immer links im Vordergrunde befindet und ganz meisterlich verkürzt ist, liegen rothglänzende Orangen. Im Zimmer blinken Spiegel, Metallgeräthe, rundliche Wassergefässe, bei denen die Concentration des Lichtes auf den Brennpunkt prächtig beobachtet ist. Der Baldachin mit seinem reichgeblümten Stoffe, der Teppich, das Bett, selbst die Holzschuhe sind mit grösster Liebe studiert. In der zweiten Periode verschwinden alle diese niedlichen Sächelchen und machen einer grossartigen Architektur Platz. Eine Ausnahme bildet nur die Madonna von 1439[2]); aber auch hier scheint es die ornamentale Gliederung des Brünnleins gewesen zu sein, was den Künstler in erster Linie interessierte, also wieder eine architektonische Aufgabe.

Das früheste Werk, mit dem Jan sein eigentliches Gebiet, die Architekturmalerei, betritt, ist die Dresdener Madonna[3]), die ich mit einiger Bestimmtheit in das Jahr 1434 setzen möchte. Dass sie später ist, als die Vollendung des Genter Altars, zeigt die Aussenseite, wo das Motiv des Engels an die Berliner Verkündigung[4]) anknüpft. Eine andere Aehnlichkeit verbindet das Gemälde mit dem Londoner Verlobungsbilde[5]). Hier ist die Schleppe der Jeanne de Chenany in sorgsam geordneten Falten neben ihre Füsse hingelegt, und dasselbe Gewandmotiv wiederholt sich bei der heiligen Katharina in Dresden, nur dass es hier offenbar nicht nach der Natur gemalt, sondern aus dem Gedächtnis ungenau reproduciert ist. Danach scheint es einleuchtend, dass die Gewandstudien, die Jan bei Ausführung jenes Doppelbildnisses am lebenden Modell gemacht hatte, für einen Theil des Altärchens vorbildlich geworden sind. Somit dürfte unser Bild erst nach dem Londoner entstanden sein, d. h. nicht vor 1434; dass es aber auch nicht später ist, zeigt seine Architektur. Denn diese ist nach dem Vorbilde Huberts noch aus gothischen und romanischen Elementen bunt gemischt, während schon an der Brügger Madonna[6]), die 1434 begonnen, 1436 vollendet wurde, sich bei Jan jene sichere Empfindung für reinen Stil ausbildet, die ihn seitdem nicht mehr verlassen sollte. Denn dass die Gemälde, in denen sie zum Ausdruck kommt, der spätesten Zeit unseres Künstlers angehören, lässt sich bei den meisten mit Sicherheit oder grosser Wahrscheinlichkeit beweisen. Die heilige Barbara mit ihrem herrlichen Thurm ist bezeichnet und trägt die

1) Bilderschatz 283. 829; Museum IV 35; Kaemmerer S. 51. 63. 86.

2) Kaemmerer S. 103.

3) Bilderschatz 433; Kaemmerer S. 81—85.

4) Museum I 122; Bilderschatz 1297; Kaemmerer S. 20.

5) Museum IV 35; Bilderschatz 283; Kaemmerer S. 63.

6) Kaemmerer S. 64.

Jahreszahl 1437 [1]). Die New-Yorker Madonna [2]), die von einer Umrahmung in reiner, höchst phantasievoller Spätgothik umgeben ist, muss jünger sein, als die Antwerpener von 1439 [3]). Denn in der Figur wiederholen beide das Motiv von Huberts Madonna im Rosenhaag [4]), aber während es in Antwerpen noch mit sklavischer Treue nachgebildet ist, erscheint in New-York die unnatürliche Haltung des linken Kinderarmes in angemessener Weise verändert. Ungefähr dasselbe Motiv kehrt dann auch bei der Madonna in der gothischen Kirche [5]) wieder, aber noch freier umgestaltet, wodurch sie sich als die späteste charakterisiert.

Diese Datierung wird noch durch ein anderes Moment unterstützt. Wir sahen schon, dass das Berliner Bildchen als Theil eines Diptychon gedacht war und zu seiner Ergänzung einer zweiten Tafel mit dem Stifter bedarf. Diese aber scheint nie vollendet zu sein; denn keine der zahlreichen Kopien [6]), die wir von diesem Gemälde besitzen und die meist noch in das fünfzehnte Jahrhundert zurückgehn, nimmt auf sie Rücksicht. Zwei davon sind freilich Diptychen und fügen der Madonna in dieser Form noch ein Stifterbildnis hinzu; aber während sie jene recht getreu kopieren, ist bei diesem beidemal der Hintergrund so, wie Jan ihn unmöglich beabsichtigt haben kann. Auf der erhaltenen Tafel verlegt er, wie wir schon oben bemerkt haben, den Augenpunkt in den rechten Rahmen und zeigt nur die linke Hälfte des Kirchenschiffes; offenbar sollte also das perspektivische Bild des Raumes durch die rechte vervollständigt werden, in der dann der Stifter gekniet hätte. Dagegen befindet er sich auf den ergänzenden Tafeln jener Kopien das einemal in seinem Privatgemach, das anderemal in einer Landschaft; keiner der Nachahmer hat also die Absicht des Künstlers gekannt. Nun sind die Madonnen von Antwerpen und New-York schon 1439 gemalt und am 9. Juli 1440 starb Jan van Eyck. Die Berliner ist also wohl sein letztes Werk und der Tod hat ihn verhindert, das Stifterbildnis hinzuzufügen. Mithin ist die Petersburger Verkündigung [7]) das einzige Architekturgemälde Jans, für dessen Datierung sich kein deutliches Merkmal findet. Da er in seiner letzten Zeit den gothischen Stil bevorzugt und jene, gleich der Brügger Madonna, noch romanischen zeigt, allerdings viel grossartiger ausgestaltet, dürfte sie sich dieser zeitlich anschliessen.

Es ist höchst merkwürdig, dass unser Künstler in der Periode seines reinen Stilgefühls sich der verschiedenen Bauformen in derselben Reihenfolge bemächtigt hat, in der sie historisch aufgetreten sind. Er beginnt mit romanischer Architektur, geht dann in der Antwerpener Barbara (1437) zur frühgothischen über,

1) Kaemmerer S. 75.
2) Kaemmerer S. 109.
3) Kaemmerer S. 103.
4) Kaemmerer S. 111.
5) Museum IV 34; Kaemmerer S. 80.
6) Kaemmerer S. 76. 77.
7) Kaemmerer S. 69.

um in der New-Yorker Madonna mit der Spätgothik abzuschliessen. In der Berliner wendet er sich allerdings zur Frühgothik zurück, aber was dies Bildchen uns bietet, ist keine freie architektonische Komposition, wie auf den früheren Gemälden, sondern das getreue Abbild einer wirklichen Kirche. Am Ende seines Lebens kehrt Jan noch einmal zu dem liebevollen Naturstudium zurück, von dem das Eigenthümliche seiner Kunst ausgegangen war.

Mit Ausnahme der frühesten, die das Dresdener Altärchen ziert, zeigen die architectonischen Kompositionen Jans durchweg einen ganz reinen Stil. Dies trifft bei dem Berliner Gemälde nicht in vollem Maasse zu. Denn in dem Mittelschiff der Kirche tritt uns hier eine viel frühere Gothik entgegen, als in Querschiff und Chor. Zudem sind die Gewölbe dieser hinteren Theile höher emporgeführt, als die der vorderen, Zufälligkeiten, die bei den wirklichen Bauten des Mittelalters bekanntlich sehr häufig sind, aber einem frei erfindenden Künstler kaum eingefallen wären. Noch entscheidender aber ist das Folgende. Ueber die Perspektive hatte sich Jan eine Art von Theorie gebildet, nicht aber über den Lichtfall. In Dresden ist die heilige Katharina nach Jans bekanntem Schema von vorn beleuchtet, obgleich sie mit dem Rücken gegen das offene Fenster steht, und die Wand unter demselben erscheint nicht dunkler als diejenigen, welche sein Licht empfangen. Dagegen ist das Berliner Bildchen ein wahres Wunder der Beleuchtung. Das direkte Sonnenlicht wie seine zartesten Reflexe sind mit einer Feinheit beobachtet, die erst zwei Jahrhunderte später in der höchsten Blüthezeit der holländischen Kunst wieder ihres Gleichen gefunden hat. Nicht ganz ohne Grund meinten Crowe und Cavalcaselle, hier die Hand eines Meisters von der Art des Pieter de Hooch zu erkennen. Sie riethen eben auf denjenigen Maler, der glänzender als irgend ein anderer die feinsten und mannigfachsten Wirkungen des Lichtes wiedergegeben hat. Dass man so etwas in der ersten Frühzeit der modernen Malerei sich nicht construieren, sondern nur nach der Natur malen konnte, und dass auch dies keinem andern als Jan van Eyck möglich war, steht für mich ausser jedem Zweifel. Auch er hat, wie sein grösserer Bruder, das beneidenswerthe Schicksal gehabt, in seinem letzten Werke das Höchste zu erreichen, was ihm nach der Richtung seines Talentes erreichbar war.

Auch in der Ausgestaltung des Faltenwurfes hat er sich redlich gemüht, aber nur um zum Schlusse die Flinte ins Korn zu werfen und einfach zu dem Vorbilde seines Bruders zurückzukehren. Hubert war auch in dieser Beziehung ganz naiv gewesen. Er bevorzugte gerade Linien und eckige Brüche, aber niemals band er sich an irgend ein Schema, sondern malte seine Gewänder schlichtweg so, wie sie ihm der Bewegung der Figuren zu entsprechen und malerisch zu wirken schienen. Jan ging in denjenigen Theilen, die er dem Genter Altar hinzufügte — wir werden sie weiter unten im Einzelnen bestimmen —, zunächst von dem Studium des Nackten aus, das er mit seinem Adam so erfolgreich eingeleitet hatte. Er legt daher die Gewänder möglichst eng an den Körper an, um dessen anatomischen Bau durch sie hindurchschimmern zu lassen. Die Pilgertafel[1]), die Apostel in der Anbetung des Lammes[2]), die kleinen Figürchen von Kain und Abel[3]) geben dazu Beispiele. Aber die herrliche Johannesstatue[4]) seines Bruders mit ihren phantasievollen mächtigen Gewandmassen verrückte ihm sehr bald das Concept. Als er in der Täuferstatue dazu das Gegenstück schuf, bildete er jene nach, nur matter und leerer, und suchte dann auch in den Sibyllen durch ähnliche breite Massen zu wirken. So verfällt er in das entgegengesetzte Extrem. Bei den Madonnen von Ince-Hall und Frankfurt[5]) lässt sich an den ausgedehnten leeren Flächen und den scharf gebogenen oder gradlinigen Falten, die sie unterbrechen, gar nicht mehr erkennen, dass darunter ein Menschenleib stecken soll. Eine neue Wendung führt auch hierin sein Naturstudium herbei, das mit dem Kleide der Jeanne de Chenany (1434) beginnt[6]). Doch bei den Idealfiguren übt er es aus, indem er seine Zeugstücke über todte Gegenstände, nicht über lebende Modelle hängt. Charakteristisch ist in dieser Beziehung namentlich die Petersburger Verkündigung[7]). Dass ein Mensch, der lesen will, das Buch auf seinen Mantel legen sollte, ist undenkbar, weil er es ja sonst bei jeder Bewegung zu Boden reissen müsste. Wenn Jan trotzdem dies sonderbare Motiv hier anwendet, so kommt das nur daher, dass er selbst über einen viereckigen Kasten einen Stoff gebreitet und durch einen darauf gelegten Folianten festgehalten hatte, um ihn so in Ruhe nachmalen zu können. So sind denn auch diese Falten zwar höchst absichtlich gelegt, aber im Uebrigen sehr natürlich; und entsprechend sind bei dem Engel die Brüche des schweren Damastes meisterlich wiedergegeben, nur dass dieser auf irgend einem Kleiderstock, nicht auf menschlichen Schultern ruht. Ebenso ist bei den Madonnen von Brügge und Dresden[8]) das Herabfallen des Mantels über die Thronstufe ganz vortrefflich; aber in seinem oberen Theil liegt er nicht auf dem Schoosse eine Frau, sondern auf einem Stuhl oder Sessel. Jan erkennt denn auch sehr bald, dass er mit dieser Art der Gewandbehandlung wieder nicht das Richtige getroffen hat, und kehrt zur Nachahmung seines Bruders zurück. Die heilige Barbara von Antwerpen[9]) umgibt er mit einem wüsten knitterigen Faltenhaufen, der wohl aus der Erinnerung den Mantel der Genter Verkündigungsmadonna[10]) wiedergeben soll, aber sein Motiv nach Epigonenart geschmacklos übertreibt. Zum Schlusse findet er sein Ideal in dem ruhig schönen Mantelfall der Madonna im Rosenhaag[11]), und bleibt ihm bis an sein Lebensende treu. Freilich ist es

1) Museum I 114; Bilderschatz 1304; Kaemmerer S. 33.
2) Bilderschatz 1305; Kaemmerer S. 31.
3) Bilderschatz 721; Kaemmerer S. 23.
4) Museum 131; Bilderschatz 1300; Kaemmerer S. 17.
5) Bilderschatz 829; Kaemmerer S. 51. 86.
6) Museum IV 35; Bilderschatz 283; Kaemmerer S. 63.
7) Kaemmerer S. 69.
8) Kaemmerer S. 64. 83; Bilderschatz 433.
9) Kaemmerer S. 75.
10) Museum I 123; Bilderschatz 1298; Kaemmerer S. 21.
11) Kaemmerer S. 111.

ihm dann in seinem letzten Werke, der Madonna in der gothischen Kirche[1]), endlich doch gelungen, jenes Vorbild, indem er es leicht veränderte, noch weicher und anmuthiger auszugestalten.

Es ist höchst merkwürdig, dass nicht nur die bezeichneten Bilder Jans erst mit der Vollendung des Genter Altars beginnen, sondern auch von den unbezeichneten, die man ihm mit Grund zuschreibt, kein einziges in frühere Zeit zurückgehn kann. Dass Jan vor 1430 als Maler thätig gewesen ist und zwar mindestens ebenso lange wie nachher, steht urkundlich fest. Dass die älteren Gemälde ausnahmslos verloren seien, widerspricht aller Wahrscheinlichkeit; einzelne müssen sich jedenfalls noch in den Galerien Europas verstecken. Warum hat sie noch niemand erkannt und ans Licht gezogen? Die Antwort kann nur lauten, dass Jan sich erst an dem Studium des Genter Altars zu dem Meister entwickelt hat, den wir kennen und bewundern. Seine Frühwerke werden eben die Vollendung noch nicht besitzen, die uns für seine Kunst charakteristisch scheint, und unsere überscharfen Kritiker werden sie daher alle „seiner nicht würdig" finden, wie die leidige Phrase lautet. Es wäre daher den Kunstgelehrten, die mehr Gelegenheit zu weiten und häufigen Reisen haben als ich, dringend zu empfehlen, dass sie sorgfältig auf solche minderwerthige Bilder achten, die van Eyckschen Charakter tragen. Vielleicht gelingt es ihnen so, auch die Jugendentwicklung unseres Künstlers etwas aufzuklären. Zunächst möchte ich die Aufmerksamkeit auf ein kleines Bildchen lenken, das Kaemmerer für eine Kopie nach Jan van Eyck hält, so viel ich weiss, aus keinem anderen Grunde, als weil es als Original „seiner nicht würdig" ist.

Dasselbe befindet sich in der Leipziger Galerie und stellt ein nacktes Weib dar, das durch Liebeszauber einen Mann in ihr Gemach lockt[2]). Hier ist die Landschaft, auf die man durch das Fenster hinaussieht, nur flüchtig und nicht sehr geschickt angedeutet; die menschlichen Gestalten und die Thiere erscheinen recht dürftig; aber in der Darstellung des Lebendigen hat Jans Stärke auch in seiner reiferen Zeit nie gelegen, und dass er kein Landschafter war, haben wir gleichfalls dargelegt. Dagegen ist die Perspektive des kleinen Gemaches vorzüglich und das Stillleben, das seine Räume füllt, mit höchster Meisterschaft dargestellt. Wer möchte glauben, dass ein Kopist die Hauptfiguren seines Originals bis zur Unkenntlichkeit entstellt, aber die kleinen Nebendinge, die für Jan selbst freilich die Hauptsache waren, mit solcher Liebe und Geschicklichkeit nachgebildet habe? Wie Hubert in der Landschaft schon der vollendete Meister war, als seine Figuren noch in alterthümlicher Befangenheit verharrten, so Jan im Stillleben; das eine ist für den jüngeren Bruder in demselben Maasse charakteristisch, wie das andere für den älteren. Und dass bei jenem die Befangenheit anfangs noch starrer und unbeholfener war, ist nach seiner ganzen Art nicht zu verwundern.

1) Museum IV 34; Kaemmerer S. 80.

2) Kaemmerer S. 117.

Bisher haben wir uns vorzugsweise mit den Bildern beschäftigt, die jeder der beiden Brüder für sich allein ausgeführt hatte; die Scheidung der Hände in ihrem grossen gemeinsamen Werke, dem Genter Altar, bleibt noch zurück. Für die oberere Reihe der Innenseite haben wir sie allerdings schon durchführen können. Wir sahen, dass Gottvater, Maria, Johannes und die beiden Engelchöre zu ihren Seiten [1]) nothwendig auf Hubert zurückgehn mussten, weil die Buchstabenornamente auf diesen Tafeln uns einen Künstler verriethen, der des Lesens unkundig war. Auch dass Adam und Eva [2]) in ihrem treuen Modellstudium als sichere Werke des Jan gelten durften, haben wir schon gezeigt. Ueberblicken wir nun diese zusammenhängende Tafelreihe als Ganzes, so muss zunächst die Verschiedenheit in der perspektivischen Anschauung der beiden Brüder auffallen. Auf den Bildern, die Hubert angehören, sind die Figuren grade von vorn, der Fussboden stark von oben gesehen, so dass er leise anzusteigen scheint; bei dem ersten Menschenpaar und bei den kleinen Figuren von Abel und Kain darüber, verschwindet er hinter dem unteren Rahmen und ebenso die weiter zurückstehenden Theile der Füsse. Auch die menschlichen Gestalten sind aus der Untensicht dargestellt, also auf den Standpunkt, den der Beschauer vor dem Altar einnehmen musste, bewusste Rücksicht genommen. Die Gruppen von Kain und Abel sind, obwohl grau in grau gemalt, doch nicht als Reliefs, sondern körperlich aufgefasst. Sie befinden sich in einem scheinbar vertieften Raum, der nach den geraden Seiten des Rahmens hin durch eine Wand abgeschlossen ist, und diese hat offenbar nur den Zweck, durch die Neigung ihrer oberen Linie nach der Mitte des Altars zu, die perspectivische Illusion zu erhöhen.

Ein entsprechender Unterschied, wie er uns hier entgegentrat, zeigt sich auch auf der Aussenseite in je zwei Tafeln der unteren Reihe [3]). Unter den beiden Stifterbildnissen steigt der Boden wieder an, unter den Johannesstatuen vertieft er sich ganz richtig, wie er sich dem Blicke des Priesters darstellen musste, wenn er vor dem Altar Messe las. Bei diesen ist ausserdem noch ein zweites perspektivisches Mittelchen angewandt; hinter ihnen werden die Nischen durch dunklere Hintergründe abgeschlossen, die nur dazu da sind, durch ihr Zusammentreten das Konvergieren der Linien nach der Mitte zu kennzeichnen. Ihr Zweck ist also genau derselbe, wie bei jenen vertieften Räumen hinter Kain und Abel.

Wer aber hieraus schliessen wollte, dass beide Statuen von Jan gemalt seien, würde sich dennoch täuschen; schon ihr abweichender Farbenton weist auf verschiedene Hände hin. Der Täufer ist nämlich weisslicher, der Evangelist gelblicher gehalten, ein Unterschied, der sich wohl nur daraus erklären lässt, dass Jan in Brügge arbeitete und die fertigen Theile des Altars sich natürlich in Gent befanden, er also das Werk seines Bruders, das er vollenden sollte,

1) Bilderschatz 1301. 1302. 1306—1308; Museum I 122. 123; Kaemmerer S. 24—29.

2) Bilderschatz 721; Kaemmerer S. 23.

3) Museum I 130; Bilderschatz 1299. 1300; Kaemmerer S. 16. 17.

nicht immer vor Augen hatte[1]). Fragen wir nun, welche Statue jedem der beiden Künstler angehört, so bieten auch hier die Hände das sicherste Kennzeichen. Bei dem Täufer ist die eine absichtlich verhüllt, die andere ganz auffallend schlecht, bei dem Evangelisten beide von vollendeter Bildung, nur dass die segnenden Finger jenes steife obere Glied zeigen, das für Hubert so charakteristisch ist. Auch in seiner Haltung ist der Evangelist freier, im Faltenwurf grösser und phantasievoller; doch fällt das Gewandstück über seinem linken Arm und der Mantel an der rechten Seite wieder in jener schiefen, nicht senkrechten Linie herab, die bei den Aermeln des Turiner Franciscus so auffällig war und uns auch noch auf manchen andern Bildern Huberts entgegentrat. Bei dem Täufer folgt der Mantel ganz richtig dem Gesetze der Schwerkraft, aber die vielen senkrechten Parallelfalten, von denen eine den Körper gerade in seiner Mitte durchschneidet, wirken etwas langweilig. Auch in anderer Beziehung ist diese Gestalt vernünftiger, aber auch phantasieloser ausgeführt: sie lässt sich, wie sie da ist, in wirklichen Stein übertragen, während bei dem Evangelisten das dünne Gewandstück über dem rechten Arm und die kühn geschlungenen Locken vielleicht in Bronze, aber niemals in Marmor herzustellen wären.

Geht die eine Statue noch auf Hubert zurück, so ist der Schluß unvermeidlich, dass Jan Basis und Hintergrund daran verändert hat, um so die nothwendige Harmonie mit dem von ihm hinzugefügten Seitenstück herzustellen. Und wirklich sind Pentimenti an der Basis sichtbar, zum Theil nur in schwachen Spuren, die vielleicht trügerisch sein können, ganz deutlich aber an der Inschrift. Das S̄ für *sanctus* ist nämlich bei dem Evangelisten übermalt und steht zugleich nicht, wie bei dem Täufer, in der Mitte der Seitenfläche, sondern viel weiter nach rechts. Folgen wir aber jenen unsicheren Resten der ursprünglichen Malerei, so rückt es an seine richtige Stelle, und wir erhalten diejenige Gestalt der Basis, welche auf beistehender Abbildung mit punktierten Linien angedeutet ist. Auf diese Weise erscheint der Fussboden ebenso ansteigend, wie bei den Stifterbildnissen, und beide Seitenflächen zeigen sich in gleicher Ver-

1) Vgl. Kaemmerer S. 38: „Das Höhenmaass der Adam- und Evatafeln überragt dasjenige des Mittelbildes, das sie bei geschlossenem Altarschrein decken sollten, um mehr als dreissig Centimeter, und auch die auf den Aussenseiten dargestellten Theile des Verkündigungsraumes wollen durchaus nicht mit den dazugehörigen Berliner Flügeln zusammenpassen. Die Annahme, dass Jan diese Theile in Brügge vollendete, ohne genau die Maasse und Dispositionen der Genter Tafeln

kürzung, d. h. die Basis ist dargestellt, als wenn der Beschauer genau vor ihrer Mitte stände. In ihrer Perspektive scheint also auf den Platz, den diese Tafel im Gesammtaufbau des Altars einnehmen sollte, ursprünglich keine Rücksicht genommen zu sein, wie wir das bei Hubert erwarten mussten. Leider lässt sich dies nicht mit der Sicherheit behaupten, die im Interesse der Sache wünschenswerth wäre; denn, wie schon gesagt, nur an dem Buchstaben S, der durch Uebermalung in eine etwas andere Lage gebracht ist, um ihn so der veränderten Verkürzung der Seitenfläche anzupassen, ist das Pentimento unverkennbar. Was dagegen die frühere Gestalt der Basis betrifft, so schienen mir die Spuren derselben zwar auch sichtbar zu sein, aber so undeutlich, dass ich eine Augentäuschung nicht für ausgeschlossen halte.

Dass die Stifterbildnisse von Hubert sind, beweist nicht nur die mangelhafte Perspektive ihres Fussbodens, die Grösse der Auffassung, die sich noch mit einem kleinen Reste starrer Alterthümlichkeit verbindet, die wunderbare Charakteristik der Hände, die in der Kunst aller Zeiten wohl nicht mehr ihresgleichen findet, sondern auch ein kleines äusseres Kennzeichen. Der Pelzbesatz des rothen Gewandes wirkt, aus einiger Entfernung gesehen, zwar sehr natürlich, und dies ist ohne Zweifel der Grund gewesen, warum Jan seine Hand davon gelassen hat. Aber das Rechnen mit einem gewissen Abstande des Beschauers gehört erst einer viel späteren Epoche der Kunstentwicklung an; den Brüdern van Eyck ist es gänzlich fremd. Nähert man aber sein Auge dem Bilde und vergleicht dann das Pelzwerk des Nelkenmannes mit seiner minutiösen Durchbildung, so wird man sich überzeugen, dass dieser Theil des Gemäldes nicht für ganz vollendet gelten kann. Daraus folgt mit Sicherheit, dass es demjenigen Maler angehören muss, der über seiner Arbeit gestorben ist.

Abgesehn von jener kleinen Veränderung an der Evangelistenstatue konnten wir bis jetzt jede Tafel ungetheilt dem einen der beiden Brüder zuschreiben. Bei denjenigen, die wir noch zu besprechen haben, wird dies anders: ganz von Hubert sind nur noch die Streiter Christi und die Tafel des Verkündigungsengels, ganz von Jan die beiden Sibyllentafeln. Auf den übrigen mischen sich ihre Hände; doch bleibt, wenn auch nicht mit voller Sicherheit und Vollständigkeit, eine Scheidung noch immer möglich.

Dass in der Verkündigung der Aussenseite die Theile, welche die untere Hälfte der Brüsseler Sibyllentafeln bilden, sehr schlecht zu den Berliner passen, ist schon früher von mir bemerkt und von Kaemmerer anerkannt worden. In den beiden letzteren ist nämlich die Architektur so gedacht, dass hinter dem Gemach ein Gang sich hinzieht, der sich nach innen in romanischen Arkaden, nach aussen in gothischen Fenstern öffnet. Wahrscheinlich beabsichtigte der

im Kopfe zu haben, würde manche Widersprüche am einfachsten erklären". Hieraus ergibt sich natürlich mit voller Sicherheit, dass auch die Rückseiten der Adam- und Evatafeln mit den Sibyllen von Jan herrühren.

Künstler, ihn auf den Mittelstücken in einen Söller übergehn zu lassen, über dessen Geländer hinweg sich ähnlich wie bei der Madonna des Kanzlers Rolin die Aussicht ins Freie erschloss[1]). Dagegen ist auf den Sibyllentafeln der Gang vergessen; jene romanischen Bogenöffnungen sind zu Fenstern geworden, durch die man ohne jede Vermittelung die Strasse vor sich sieht. Auch hier, wie bei den Johannesstatuen mit ihrer verschiedenen Färbung, ist es ganz klar, dass die beiden Tafelpaare nicht von demselben Meister, ja auch nicht einmal an demselben Orte gemalt sein können. Denn hätte der Vollender die abgeschlossenen Theile vor sich gehabt, so würde er ihnen seine Ergänzungen doch gewiss besser angepasst haben. Dass die Haupttafeln zuerst gemalt sind und folglich auf Hubert zurückgehn, kann schon an sich kaum zweifelhaft sein; auch tragen sie deutlich genug die Merkmale seiner Kunst. Hier finden wir seine schönen Hände, die nur durch den zu langen Daumen und das steife obere Fingerglied etwas verunziert sind. Wieder fügen die Gewänder sich nicht den Gesetzen der Schwerkraft, namentlich bei den Propheten, deren Mäntel unmöglich in ihrer Lage beharren könnten[2]); aber auch an der Madonna und dem Engel begegnen uns die wohlbekannten schrägen Längsfalten. Und wie bei dem heiligen Franciscus und dem Johannes des Berliner Crucifixus die Füsse nicht richtig dem Gewandsaum angefügt waren, so bei dem einen Propheten der Arm, bei dem andern die rechte Hand. Die Lilie ist aus dem Gedächtnis, nicht nach der Natur gemalt, wie die starre Symmetrie ihrer Blüten und Knospen beweist; in der Verkündigung der Eremitage, wo eine Blume gleicher Art vor dem Betpult steht, ist sie viel naturalistischer behandelt[3]). Vor allem aber ist die Bewegung der Hauptfiguren so anmuthig und ausdrucksvoll, wie Jan dies nie erreicht hat. Man vergleiche nur seinen Petersburger Verkündigungsengel mit dem Berliner, dessen Motiv er nachahmt! Wie starr ist bei jenem der Gesichtsausdruck, wie linkisch die Hebung des Fingers, wie hässlich die Hand! Wenn man trotzdem dabei beharrt, die Verkündigungstafeln dem Jan zuzuschreiben, so liegt dies wohl in erster Linie an der Wasserflasche im Gang und dem Stillleben in der Nische neben der Maria, die allerdings eine schlagende Uebereinstimmung mit dem Beiwerk der Madonnen von Ince-Hall und Frankfurt[4]) zeigen. In diesen Zuthaten, die übrigens durchaus entbehrlich sind, erkennen auch wir die Hand des jüngeren Bruders, ja wir

---

1) Früher, als ich Hubert van Eyck noch nicht genügend kannte, habe ich die Vermuthung ausgesprochen, dass der breite leere Raum zwischen dem Engel und Maria durch das Bett der Jungfrau und ähnliches stillebenartiges Beiwerk ausgefüllt werden sollte. Doch dies würde wohl der Art des Jan entsprechen, aber nicht der seines grösseren Bruders. Bei diesem eröffnen die Architekturen immer einen Ausblick auf weite Landschaftsbilder, und gerade hier, wo die Figuren kaum zwei Drittel des verfügbaren Raumes einnehmen, kann er eine andere Verwendung der ausgedehnten Mittelfläche unmöglich beabsichtigt haben.

2) Ganz dieselbe Stellung des Mantels wie bei dem Propheten Zacharias findet sich auch bei der Madonna des Petersburger jüngsten Gerichtes. Kaemmerer S. 20. 43.

3) Kaemmerer S. 69.

4) Kaemmerer S. 51. 86; Bilderschatz 829.

können sogar auf ein noch sichereres Kennzeichen seiner Mitwirkung hinweisen. Die Spruchbänder der Propheten sind von irgend einem Schreiber ausgefüllt, aber die Inschriften des Hauptbildes: *Ave gracia* und *Ecce ancilla domini* zeigen dieselbe etwas verschnörkelte, aber künstlerisch schöne und sehr charakteristische Handschrift, von der die Bezeichnung des Londoner Verlobungsbildes: *Johannes de Eyck fuit hic* herrührt. Doch solche Kleinigkeiten entscheiden nicht darüber, wem der Hauptantheil an diesen Tafeln zukommt, namentlich da sich ein ganz sicheres Kennzeichen dafür findet, dass zwei Hände an ihnen thätig gewesen sind.

An dem Häuschen, auf das man aus dem Fenster der Madonnentafel hinausblickt, vergoldet die Sonne den oberen Theil der weissen Mauer, während der untere schon im Schatten liegt. Auch hinter dem Engel erscheinen die Giebel in gelblichem Licht, und um sie her fliegen die Schwalben ihren Nestern zu. Offenbar ist der Künstler bestrebt gewesen, stillen Abendfrieden über den heiligen Vorgang auszugiessen. Diese Stimmung wäre freilich erst durch die Mitteltafeln, wenn Hubert sie noch hätte hinzufügen können, voll zum Ausdruck gekommen. Wie alle seine Architekturen, hätte sich auch das Zimmerchen der Jungfrau in eine weite Landschaft geöffnet, die diesmal in den Strahlen der untergehenden Sonne erschienen wäre. Es ist ein ewiger Schade für die Kunst, dass der Tod diesen herrlichen Plan zerstörte. Unmöglich aber hätte derjenige, welcher ihn hegte, ihn selbst zerstören können, indem er jene Streifen einfallenden Lichtes hinter der Madonna malte, die nur bei hochstehender Sonne denkbar sind. An sich ist ihre Wirkung sehr fein; sie muthet uns an wie eine Vorahnung jener köstlichen Lichteffecte, die Jan in seinem letzten Werke, der Berliner Madonna, erreichen sollte. Aber dies hindert nicht, dass sie der Absicht des Künstlers, der in jenen kleinen Fensteraussichten die beherrschende Abendlandschaft der Mitte vorbereitet hatte, straks zuwiderläuft und folglich auch nicht von ihm herrühren kann. Dass auch die Wasserflasche durch von oben kommendes Licht beleuchtet wird, kann als weiteres Zeichen dafür gelten, dass das stilllebenartige Beiwerk von Jan hinzugefügt ist. Zudem hat sein Bruder nie jene Freude an der Nachbildung kleiner blanker Sächelchen gehabt, die seine Kunst vor dem Jahre 1435 auszeichnet. Nur in der Landschaft, die ja immer sein Lieblingsgebiet gewesen ist, vertieft sich Hubert in Kleinigkeiten, die man überflüssig nennen könnte; im Uebrigen bietet er nicht weniger, aber auch nie mehr, als der Grundgedanke des Bildes verlangt. Mit Stillleben, die nur als solche wirken sollten, hat er sich niemals abgegeben.

Noch eins möchten wir auf der Madonnentafel, wenn auch zweifelnd, dem jüngeren Bruder zuschreiben. Wir sahen schon, dass Hubert Maria als Himmelskönigin und als sterbliche Jungfrau streng zu unterscheiden pflegte. Demgemäss wählte er auch zum Schauplatze der Verkündigung nicht eine weiträumige Prachthalle, wie es Jan auf dem Petersburger Bilde gethan hat, sondern das schlichte bürgerliche Gemach, das der Braut des Zimmermannes von Nazareth geziemte. Wenn sie trotzdem hier das königliche Diadem trägt und ihren Mantel mit einer juwelenbesetzten Schliesse statt mit einem gewöhnlichen Knopfe zusammenhält; so wird diese Inkonsequenz wohl gleichfalls auf die Mitwirkung Jans zurückgehn.

Fassen wir das Ergebnis zusammen, so ist die Engeltafel mit Ausnahme der Inschrift ganz von Hubert, und auch die Madonnentafel hatte er in seinem Sinne vollständig zum Abschluss gebracht; denn was Jan ihr hinzugefügt hat, lag nicht in der künstlerischen Absicht seines Bruders.

Wenden wir uns nun den Innenbildern der unteren Reihe [1]) zu und fassen zunächst die Landschaft ins Auge, so entspricht sie durchaus den Hintergründen gleicher Art, die uns auf den übrigen Gemälden Huberts begegnet sind. Welche nahe Verwandtschaft diesen Theil des Altars mit dem Berliner Crucifixus verbindet, ist schon von Tschudi ausreichend hervorgehoben. Wir müssen wieder auf die mangelhafte Perspektive als auf das charakteristische Moment hinweisen. Jener Kunstgriff, dem später Claude Lorrain so schöne Wirkungen verdanken sollte, ganz vorne einen Baum, einen Felsen oder ein Bauwerk hoch aufragen zu lassen, so dass der stark vertiefte Horizont des Hintergrundes dadurch weit in die Ferne geschoben wird, ist unserem Meister noch ganz unbekannt. Seine obere Linie ist zwar wellig, aber doch im Wesentlichen immer von gleicher Höhe. Auch die blauen Fernsichten auf der Anbetung des Lammes senken sich nicht tief zwischen die Hügel ein, sondern sie schweben neben ihnen, als ob sie auf sehr hohen Bergen lägen, obgleich der Künstler dies offenbar nicht gemeint hat. Nur auf der letzten Tafel der ganzen Reihe wird plötzlich ein anderer Weg eingeschlagen; hier finden wir etwas, was an Claude Lorrain gemahnt. Der vordere Hain fällt in schroffer Linie ab, und ihm zur Seite senkt sich der Horizont so tief, wie an keiner andern Stelle des Altars. Noch wird zwar nicht die volle Naturwahrheit der Fernsicht, aber doch schon eine ganz respektable perspektivische Wirkung erzielt. Ein anderes Kunstmittel steigert sie noch, das uns sonst nur auf einem Werke van Eyckscher Art begegnet; es ist dies die einzige beglaubigte Landschaft Jans, von der wir oben schon ausführlicher gesprochen haben. Bei der Antwerpener Barbara [2]) scheidet ein scharf betonter Hügelrücken den Vordergrund vom Mittelgrunde und ein zweiter diesen wieder vom Hintergrunde; und dieselben drei Gründe mit ihren zwei trennenden Hügelrücken finden wir auch auf der Pilgertafel; und ganz hinten jenseit des Flusses zieht sich eine jener schnurgeraden Baumreihen hin, wie sie die Landschaft der heiligen Barbara verunzieren. Prüft man nun das Original genau, so nimmt man wahr, dass der Künstler zuerst die Linie des vorderen Hügelrückens vorgezeichnet und dann die Stämme der beiden einzeln stehenden Bäume, deren oberer Theil von anderer Hand ist, soweit verlängert hat, bis sie auf jenen trafen. Auch haben die Bäume, die am Fusse des zweiten Hügels stehn, ein bläulicheres Laubwerk, als es irgendwo sonst auf dem Altar vorkommt, und bei denen, die den Gipfel krönen, ist der Baumschlag minder leicht und

1) Museum I 114; Bilderschatz 1303—1305; Kaemmerer S. 31—35.

2) Kaemmerer S. 75.

phantasievoll behandelt, als bei denen des vorderen Waldes. Endlich ist die Stadt, die man in der Ferne erblickt, von ganz anderer Art, als die Architekturen in allen übrigen Theilen der Landschaft. Sie besteht nur aus Häusern und Kirchen, wie sie in jedem mittelalterlichen Städtchen vorhanden sein konnten, während im Hintergrunde der Reitertafeln und der Anbetung des Lammes die Bauwerke alle phantastische, durchaus unwirkliche Formen zeigen.

Wie mir scheint, kann in diesem Falle die Scheidung der beiden Hände, die an der Landschaft des Genter Altars zusammengewirkt haben, gar nicht fehlgehen. Auf vier Tafeln ist diese aus einem Guss, und auch auf der fünften sind der Himmel und der südliche Hain von derselben Hand fortgesetzt, die ihn auf der Einsiedlertafel begonnen hatte, d. h. von Hubert. Nur unter dem Laube des Citronenbaums ist die wirre Reihe von Stämmen, die mit keiner Baumkrone in irgend welcher Verbindung stehn können, von Jan hinzugefügt. Von dem älteren Bruder rühren auch die Cypresse und die Palme her, die abgesondert von den übrigen Bäumen stehn, bis auf den untersten Theil ihres Stammes. Den Rest der Landschaft hatte er unvollendet gelassen und Jan ihn nach dem Schema, das wir bei seiner heiligen Barbara beobachten können, später zu Ende geführt. Wahrscheinlich hat er auch hier nach der Natur gemalt; denn in dem, was er hinzugefügt hat, ist jede Erinnerung an die Vegetation des Südens, welche sonst diese Tafel beherrscht, völlig aufgegeben. Dieser niedrige baumbewachsene Hügel mit dem Fluss und der fernen Stadt dahinter kann sehr wohl in der Umgebung Brügges liegen. Jedenfalls hat er sich hier zu einem so prächtigen Stückchen Landschaft mit so fein beobachteter Ferne erhoben, wie er es seiner ganzen Art nach ohne unmittelbares Naturstudium kaum zu Stande gebracht hätte.

An den landschaftlichen Hintergrund schliesst sich passend das vordere Erdreich an. Dieses ist auf der Einsiedlertafel von wunderbarer Lebendigkeit, und seine scharfkantigen oder moosbewachsenen Steine, seine energischen Risse setzen sich dann in der gleichen Behandlung am linken und unteren Rande der Pilgertafel fort. Aber hier bricht dieser schmale Streif in deutlich erkennbarer Linie gegen die Mitte hin ab, um einer flachen, charakterlosen Ausführung Platz zu machen, zu der wieder nur die Antwerpener Barbara eine Analogie bietet. Im unteren Theil der Tafel trennen sich die Hände der Brüder ebenso unverkennbar, wie im oberen.

Das Erdreich der beiden Reitertafeln steht weit über dem, was Jan der Pilgertafel hinzugefügt hat; wenn es hinter der Einsiedlertafel etwas zurückbleibt, so liegt dies theilweise am Gegenstande. Denn hier soll weicher, von Kothlachen unterbrochener Grund dargestellt werden, in den sich die Hufspuren der Pferde tief eindrücken. Dazu aber waren sanfte, rundliche Formen geboten, und deren Darstellung passte nicht so gut zu Huberts schroffer Individualität, wie die scharfe Rissigkeit des Felsbodens. Ueberdies dürften die Tafeln der linken Seite um mehrere Jahre früher gemalt sein als die der rechten, was bei der grandiosen Entwicklungsfähigkeit unseres Meisters schon allein genügen würde, um ihre geringere Qualität zu erklären. Immerhin ist auch hier der Boden meisterlich behandelt, und dasselbe gilt von der prächtigen Wiese der Mitteltafel, aber in ganz anderem Sinne.

Huberts Erdreich ist auf allen seinen Bildern, soweit ihr Schauplatz im Freien ist, sehr reich an Einzelheiten, doch ohne je die Einheit der Wirkung zu verlieren. Wer genau zusieht, wird an jedem Steinchen und Pflänzchen seine Freude haben können; dem flüchtigen Beschauer aber erscheint nur das zusammenhängende Ganze. Auf der Anbetung des Lammes dagegen sieht man die Wiese vor Blumen nicht. Wie in einem botanischen Atlas ist jede neben die andere gestellt, jede mit ängstlicher Treue der Natur nachgemalt; wir haben hier eine Sammlung von Pflanzenbildnissen, die nur zufällig auf derselben Tafel vereinigt scheinen. Es ist Jans Freude am Stillleben, nicht Huberts grosser Blick, was wir in diesem Theil des Altars erkennen. Man beachte, mit welcher flotten Energie am unteren Rande der Pilgertafel, der noch dem älteren Bruder angehört, ein Blatt des Löwenzahnes hingestrichen ist. Dieselbe Pflanze erscheint auch im Mittelbilde, aber nicht als Beiwerk, schnell und frisch hingesetzt, sondern als eine Hauptsache, die freilich neben unzähligen anderen eben so wichtigen steht, sorgfältig in allen Einzelheiten ihres Wuchses durchgeführt. Man möchte wohl wissen, wie viel Monate Jan allein auf diesen Wiesengrund verwendet hat!

In demjenigen, was zur Landschaft gehört, haben wir die Hand des jüngeren Bruders bisher nur auf zwei Tafeln wahrnehmen können. Wenn also diese von dem älteren nur angefangen oder doch nicht ganz vollendet waren, so dürfen wir hier am ehesten auch bei dem Figürlichen auf Jans Urheberschaft oder Mitwirkung schliessen. Und wirklich unterscheiden sich auch die Pilger selbst so von den Einsiedlern, dass sich kaum begreifen lässt, wie man sie so lange demselben Meister zuschreiben konnte.

Beginnen wir mit dem äusserlichsten, weil es das greifbarste ist, mit der Gewandung der Pilgertafel. Bei dem vordersten Greise, in geringerem Maasse auch bei dem grossen Christoph, d. h. bei den einzigen Gestalten, die in voller Ausdehnung sichtbar sind, zeigt sich das deutliche Bestreben, die Falten dicht an den Leib zu ziehn, um so die Formen des Körpers zum Ausdruck zu bringen. Dasselbe begegnet uns auf dem Genter Altar nur noch bei Kain und Abel, die sicher Jan gehören, und auf der Anbetung des Lammes, an der er, wie wir eben sahen, einen nicht unbeträchtlichen Antheil hatte. Allen Bildern Huberts ist dieser Faltenwurf fremd, natürlich auch der Einsiedlertafel. Statt der anatomischen Kenntnis, auf die er hindeutet, finden wir hier vielmehr jenen charakteristischen Fehler, dass Füsse und Hände theilweise nicht ganz richtig am Kleidersaum sitzen. In den Bildnissen haben wir die Neigung Jans wahrgenommen, die Hände nach Möglichkeit zu verstecken; ebenso bei der Täuferstatue. Und wie hier Johannes das Lamm mit verhüllter Hand anfasst, so Christophorus seinen Pilgerstab, ein Motiv ganz sonderbarer Art, das nur durch jene Schwäche Jans erklärbar wird. Auch die vorweisende Linke des Riesen blickt nur mit den Fingerspitzen unter dem Mantel heraus; vollständig sichtbar sind auf der ganzen Tafel nur zwei Hände. An diesen ist die Struktur der Haut äusserst zart wiedergegeben, was wir ja auch bei dem Berliner Arnolfini beobachten [1]) konnten; die Linke zeigt eine höchst gezierte Haltung des kleinen Fingers, die ähnlich bei der Bonne d'Artois und der Brügger Madonna vorkommt [2]), aber niemals auf einem Bilde Huberts, die Rechte jene hässlich gekrümmte Klauenform, wie auf dem Bildnis des Jan de Leeuw [3]). Vielleicht noch beachtenswerther sind die Haare. Bei den Einsiedlern sind sie auf jedem Kopfe anders behandelt, aber auf jedem leicht, frei und charakteristisch; bei den Pilgern ist zwar auch die gleiche Mannichfaltigkeit angestrebt, aber das Haar der meisten sieht aus, als wäre es frisiert oder in künstliche Locken gebrannt. Hierbei ist zu beachten, dass Jan bei den Männer- und Jünglingsköpfen seiner andern Bilder die schematische Frisur der Schraubenzieherlocke ganz besonders bevorzugt. Sie findet sich bei dem Gabriel und dem Michael des Dresdener, bei dem Abel und der Täuferstatue des Genter Altars und bei dem grossen Berliner Christuskopfe. Hubert kennt diese Haarbehandlung nur bei seiner Evangelistenstatue, wo sie die Starrheit des Steines zum Ausdruck bringen soll. Von seinen singenden Engeln, die im höchsten Festschmuck auftreten, zeigen einzelne zwar auch jene feierliche Frisur; aber während Jan jede einzelne Locke pedantisch von der andern zu sondern pflegt, sind sie hier malerisch in einander gewirrt. Und nun zum letzten und wichtigsten, dem geistigen Ausdruck! In dieser Beziehung stehen die Einsiedler so hoch, dass die ganze Kunst alter und neuer Zeit vielleicht kein zweites Gemälde aufzuweisen hat, das sich mit ihnen messen könnte. Hier ist jede Gestalt bis in die Haarspitzen und Fingerknöchel hinein charakteristisch; der schleichende Gang und die gebeugte Haltung des Greisenthums kehrt bei allen wieder und ist doch bei jedem in eigenthümlicher Weise umgestaltet; jedes Gesicht scheint eine ganze Lebensgeschichte zu erzählen. Nur die beiden Frauenköpfe sind leer. Aber diese fallen auch in ihrer Farbe aus dem tiefen warmen Gesammtton des Bildes heraus, und die hässlichen Krallen, mit denen Magdalena ihr Salbgefäss hält, haben nichts mit Huberts Kunst gemein. Doch andererseits machen erst diese Gestalten die heilige Zwölfzahl voll; ihr Hervortreten hinter dem Felsen bezeichnet sehr glücklich, wie der Zug von allen Seiten zusammenströmt, und die Haltung ihrer Köpfe und Oberkörper ist sehr frei und lieblich. Ich möchte daher vermuthen, dass Hubert bei seinem Tode auch diese Tafel nicht ganz vollendet, wohl aber in ihrem vollen Umfange vorgezeichnet hatte. Beendet waren Landschaft, Erdreich und die Männergestalten, bei den Frauen dagegen musste Jan die vorgezogenen Umrisse farbig ausfüllen, und hat es gethan, indem er für den Typus beider die Verkündigungsmadonna zum Muster nahm.

---

1) Jahrbuch VIII 172. X S. 154; Kaemmerer S. 101.

2) Kaemmerer S. 49. 64.

3) Kaemmerer S. 73.

Doch kehren wir zu der Pilgertafel zurück. Auch hier ist Reichthum der Charakteristik angestrebt; um die Köpfe zu variieren, hat Jan dem einen sogar ein abscheuliches Grinsen gegeben, wie es nur noch bei dem Petersburger Verkündigungsengel vorkommt und auch dort nicht ganz so schlimm. Doch bei allen Verschiedenheiten des Alters und der Kopfbedeckungen, der Farbe und des Schnittes von Bart und Haupthaar, bleibt doch die Körperhaltung immer fast die gleiche, der Gesichtsausdruck bei Allen stereotyp und unbedeutend.

Auch in die Gesammtkomposition der ganzen Tafelreihe passen die Pilger nicht recht hinein. Bei den Streitern Christi bleibt vor den Köpfen der Rosse ein kleiner freier Raum; nach hinten verschwinden sie und theilweise auch ihre Reiter im Rahmen. Umgekehrt sind bei den gerechten Richtern die Pferdeschwänze alle sichtbar, während Kopf und Vordertheil sich im Rahmen verlieren; aus diesem ragt sogar von einem Rosse nur der rechte Hinterfuss hervor. Die eine Gruppe ist also nach vorn, die andere nach hinten abgeschlossen; es soll der Eindruck erweckt werden, als wenn wir Spitze und Ende eines langen Zuges vor uns haben, dessen Hauptmasse dazwischen zu denken ist. Dem entsprechend setzt sich auch die Landschaft nicht ununterbrochen fort, sondern um den Zwischenraum zu markieren, beginnt mit deutlicher Absicht auf der Streitertafel der Felsen ein gutes Stück höher, als er auf der vorhergehenden abbricht. Auch die Einsiedler bilden die Spitze eines Zuges, die nach vorne keine Ergänzung duldet, nach hinten sie erheischt; auch über ihnen sind die Baumwipfel etwas niedriger als bei der Fortsetzung des Waldes auf der Pilgertafel, wo dieser Theil des Bildes ja noch von Hubert gemalt ist. Aber die Figuren Jans schliessen den Zug nicht ab, sondern beginnen einen neuen. Der Parallelismus der beiden Flügel, den sein Bruder ohne Zweifel beabsichtigt hatte, ist offenbar gestört.

Dasselbe gilt wohl auch von ihrem geistigen Zusammenhange. Sie zeigen uns die Edeln, die auf rauhen Pfaden, durch Kothlachen und über spitze Steine, der Anbetung des Lammes zustreben. Dass sie dazu geladen sind, verdanken sie natürlich ihrer Tugend. Nun gibt es, wie jeder weiss, nach der mittelalterlichen Systematik vier weltliche Kardinaltugenden, Gerechtigkeit, Tapferkeit, Mässigkeit und Klugheit; in ihrer Zahl entsprechen sie also den vier Flügeltafeln. Ohne Zweifel verkörpern die gerechten Richter die Gerechtigkeit, die Streiter Christi die Tapferkeit, und die Einsiedler, die um ihres ewigen Heiles willen auf alle Freuden der Erde in ihrer Wildnis verzichtet haben, können als die höchsten Muster der Mässigkeit gelten; aber dass Pilger sich durch hervorragende Klugheit ausgezeichnet hätten, ist mir noch nie zu Ohren gekommen. Nun hatte Jan im Jahre 1426 im Auftrage Philipps des Guten eine Pilgerfahrt angetreten, deren Zweck ein geheimer war[1]). Vermuthlich nahm er sie auf sich als Stellvertreter seines Herrn, um für eine von dessen zahlreichen Sünden Absolution zu erwirken. Denn dass man die Werke der Busse, deren der

1) Crowe und Cavalcasalle S. 82.

Frevler zu seiner Entsühnung bedurfte, auch durch andere verrichten lassen könne, war bekanntlich ein weit verbreiteter Aberglaube. Die Erinnerung an jene fromme Reise wird ihn geleitet haben, als er dem Werke seines Bruders die Pilger hinzufügte. Schienen doch diese in ihren braunen Kutten sich auch nach Tracht und Färbung am passendsten an die Einsiedler anzuschliessen.

Fragen wir nun, welcher Gruppe Hubert selbst jene vierte Tafel zugedacht haben könnte, so drängt sich folgende Erwägung auf. In einer Komposition, welche die Heiligen und Seligen aller Kategorien zusammenfassen sollte, vermissen wir ungern die *Doctores ecclesiae*, denen man allenfalls auch die Stifter der grossen Mönchsorden zurechnen konnte. Diese Weisen und Gelehrten wären die passendsten Vertreter der *prudentia*, die ja, wie schon die Verbindung *iuris prudentia* zeigt, die Begriffe der Klugheit und des Wissens in sich vereinigt. Und zählen wir diejenigen Gestalten zusammen, die Anspruch auf einen Platz in dieser Gruppe hätten, d. h. die vier lateinischen Kirchenväter, die vier griechischen, Benedictus, Franciscus, Dominicus und Thomas von Aquino, so ergibt sich dieselbe Zwölfzahl, die uns auf der Einsiedlertafel entgegentritt.

Auch die Streiter Christi bilden eine heilige Zahl, nämlich neun, und wenn der Richter zehn sind, so trägt Hubert daran keine Schuld. Denn eine Gestalt dieser Tafel verräth sich auch durch ihre Technik als Zusatz des jüngeren Bruders; ich meine den einzigen Baarhäuptigen, der sich auf dem Reiterflügel findet, jenen blaugekleideten Jüngling im Hintergrunde. Bei ihm ist der Gesichtsausdruck leerer, die Behandlung des Haares schematischer, als bei irgend einem Kopfe Huberts, dafür aber auch die Modellierung weicher und die Luftperspektive besser beobachtet. Jan hat diese Figur hinzugefügt, weil ihm zwischen den beiden hinteren und den drei vorderen Reitern des Hintergrundes der leere Raum störend schien. Die Absicht seines Bruders, die Gruppe nach oben hin wellenförmig abzuschliessen, hat er wieder nicht verstanden, und dass er auf Zahlensymbolik keinen Werth legte, beweist die indifferente Zahl siebzehn, die er für die Köpfe seiner Pilgertafel gewählt hat.

Dass im Uebrigen der ganze Reiterflügel auf Hubert zurückgeht, zeigen neben Landschaft und Erdreich vor allem die Rosse, die, wie man schon früher bemerkt hat, ganz ähnlich, wenn auch minder vollkommen, auf der Petersburger Kreuzigung wiederkehren. Und wann hätte Jan diese Fülle lebendiger Bewegung schaffen können, die ihre Köpfe und Leiber beseelt! Wenn wir von dem Liebeszauber absehn, den man als unvollkommene Leistung seiner ersten Frühzeit nicht zum Vergleich heranziehn kann, finden sich auf seinen Werken nur drei Thierdarstellungen, die beiden Lämmer auf den Armen Abels und des Täufers und der Seidenpintscher zu den Füssen des Arnolfini und seiner Braut. Jene sind steinern, was sie ja freilich auch sein sollen, und dieser sieht aus wie einer jener fellüberzogenen Holzwauwaus, mit denen unsere Kinder zu spielen pflegen. Thiere halten eben nicht so artig still, wie Wasserkaraffen, Pflänzchen oder gestellte Akte. Einem Künstler, der nur das Ruhende nachzubilden vermochte, mussten sie daher unüberwindliche Schwierigkeiten machen.

Dagegen bewegte sich Hubert sehr gern in Thierdarstellungen. Man denke nur an seine köstlichen Vogelschwärme, bei denen man an der Stellung der Flügel jede Art unterscheiden kann, so dass sie fast an Japanisches erinnern; ferner an die Rosse in Petersburg, die Pfauen und die Elster des Kanzlers Rolin, die prächtigen Affen, die bei den singenden Engeln die Ecken des Notenpultes schmücken. Zwar sind auch seine Rosse, wie seine Menschen, anatomisch nicht ganz tadellos; bei dem Schimmel, der auf beiden Reitertafeln wiederkehrt, setzt das linke Vorderbein etwas zu hoch an die Schulter an. Aber wie natürlich biegt er den gehobenen Hinterfuss, wie ausdrucksvoll schielt sein Auge seitwärts, wie lebendig sind Maul und Nüstern bewegt! Und nicht minder vorzüglich sind die Stellungen der andern, mögen sie wiehern, die Nase sanft am Knie reiben oder ruhig vorwärts schreiten. Die Hände, die uns immer als sicherstes Abzeichen Huberts gelten konnten, stecken bei den Kriegern leider in schweren Eisenhandschuhen; doch bei den Richtern sind sie von einer Naturwahrheit und Feinheit der Charakteristik, die Jan selbst in seinen besten Leistungen dieser Art nie erreichen konnte. Endlich stimmen beide Tafeln in ihrer Farbengebung so genau mit den singenden Engeln überein, dass jeder Gedanke an eine verschiedene Hand ausgeschlossen ist.

Bei der Anbetung des Lammes ist die Scheidung des Figürlichen am schwierigsten, weil sie an ihrem Platz in der Kirche, wo sie noch immer hängt, sich viel schwerer in ihren Einzelheiten beurtheilen lässt, als diejenigen Tafeln, die man im hellen Licht und der bequemen Aufstellung des Berliner Museums studieren kann. Namentlich über die höher stehenden Gruppen kann ich daher nur mit Vorbehalt sprechen. Bei den unteren dagegen heben sich die Antheile der beiden Brüder mit unverkennbarer Deutlichkeit von einander ab. Die Männer des alten Bundes auf der Linken gehören in vollem Umfange dem älteren an; hier sind Köpfe, Hände, Körperhaltung ohne Ausnahme von vollendeter Charakteristik, ja vielleicht übertreffen sie sogar, wenn dies möglich ist, noch die heiligen Einsiedler. In der rechten Gruppe mag die Hand Jans an allen Gestalten einen grösseren oder geringeren Antheil haben; einige aber gehen doch in der Hauptsache noch auf Hubert zurück. Unter den Geistlichen nenne ich die drei Päpste, den Bischof zu äusserst rechts und die beiden jugendlichen Diaconen. Bei ihnen sind nicht nur Gesicht und Haltung, sondern auch die Hände vortrefflich; selbst durch die Handschuhe tritt ihre Struktur energisch hervor. Die Köpfe, welche hinter dieser vorderen Reihe sichtbar werden, sind alle viel matter im Ausdruck, einzelne, die theilweise verdeckt sind, mehr oder minder frei nach der Einsiedlertafel kopiert. Auch hier passiert es Jan, dass er die Absichten seines Bruders gröblich misskennt; denn er hat in diese Gruppe, die nach demjenigen, was Hubert an ihr gemalt hatte, nur Geistliche enthalten sollte, auch ein paar Köpfe mit weltlicher Kopfbedeckung eingefügt. Bei den Aposteln gehören die Gesichter der drei, die dem Altar zunächst stehen, — man wird in ihnen Petrus, Paulus und Johannes erkennen dürfen — sicher noch dem älteren Bruder, die Hände aber nur bei Petrus; bei Johannes sind sie von dem jüngeren hinzugefügt, der wohl auch das Haar vollendet hat. Auch die drei Köpfe, welche sich an Johannes anschliessen, und das individuelle Profil des Mannes, der mit verhüllten Füssen zunächst den Päpsten kniet, können noch auf einen gewissen Antheil Huberts Anspruch erheben. Die vier vordersten Apostel sind ganz von Jan gemalt, und auch bei den übrigen die Gewandung, die enge Verwandtschaft mit der Pilgertafel verräth, die Hände und theilweise das Haar. Auch an den Engeln, die um den Altar knien, scheinen sich die Hände der beiden Brüder noch zu mischen, namentlich deutet der Faltenwurf der vier ersten auf Hubert hin. Dagegen dürften die beiden Märtyrergruppen des Hintergrundes wohl ausschliesslich dem Jan zuzuschreiben sein.

Die Tafeln, welche bei Huberts Tode unvollendet zurückgeblieben waren, gewähren uns einen höchst merkwürdigen Einblick in seine ganze Arbeitsweise. Die Landschaft, seine eigenste Schöpfung, interessiert ihn am lebhaftesten; mit ihr pflegt er daher zu beginnen. Selbst auf der Pilgertafel, wo an dem Figürlichen kein Strich mehr von seiner Hand ist, hat er doch den Hintergrund zum grösseren Theil und von dem vorderen Erdreich einige Stücke bis in die kleinsten Einzelheiten ausgeführt. Und wie er von der Landschaft ausgeht, so kehrt er auch bei den schon abgeschlossenen Tafeln wieder zu ihr zurück. Zwischen den Flügelbildern der linken und der rechten Seite liegt, wie wir noch zeigen werden, eine längere Reihe von Jahren, und die Fortschritte, die unser Künstler unterdessen gemacht hat, prägen sich auch in der Behandlung des Laubwerks, der Felsen und des vorderen Erdreichs deutlich genug aus. Die Tafeln der Einsiedler und Pilger, soweit sie noch auf Hubert zurückgehn, zeigen hierin eine viel feinere Naturbeobachtung, eine reichere und lebendigere Ausgestaltung des Details als die beiden Reitertafeln. Die Wolken dagegen sind so gleichartig, dass sie offenbar auf allen vier Tafeln aus demselben Gusse kommen. Es scheint danach, dass der Himmel, wie noch jetzt über der Anbetung des Lammes, so anfangs auch über den Reitergruppen klar geblieben war und Hubert erst später im Anschluss an die Einsiedler und Pilger die Wolken über das Blau gesetzt hat.

Nach der Landschaft hat er sich in der Einsiedlertafel an die charakteristischen Gestalten der Greise gemacht, und den Raum, welchen die beiden Frauen einnehmen sollten, bis zuletzt leer gelassen. Auch dass er sich nur zaudernd und halb widerwillig an die Darstellung weiblicher Schönheit wagt, ist bezeichnend für unseren Meister; denn eben nach dieser Richtung hin liegt die Schwäche seiner Kunst. Die Holdseligkeit der Frau hat durch ihn nur ein einziges Mal ihre ganz würdige Verkörperung gefunden, in der Madonna, welche neben Gottvater thront. Aber hier sind die Gesichtszüge und in noch höherem Grade die Hände so merkwürdig individuell und so abweichend von den sonstigen Frauengestalten unseres Künstlers, dass man kaum umhin kann, an ein Bildnis zu denken. Zwar sind auch seine weiblichen Idealköpfe lange nicht so einförmig, wie bei Jan, der immer nur ein paar Typen seines Bruders wiederholt. Keine Madonna oder Heilige hat bei Hubert ganz dasselbe Gesicht wie die andere; immer strebt er nach Abwechselung und Individualisierung. Dass die Marien der Einsiedlertafel beide den Kopf der Verkündigungsmadonna so genau nachbilden, wäre schon allein ein genügender Grund, sie Hubert abzusprechen. Aber bei aller Mannichfaltigkeit erreichen seine weiblichen Gesichter doch niemals die Lebendigkeit und Wahrheit der männlichen. Daher bestehen die Seeligen und Heiligen der unteren Tafelreihe bei ihm auch nur aus Männern und Greisen; damit das andere Geschlecht nicht ganz unvertreten bleibe, hat er der Einsiedlertafel zwar jene beiden Büsserinnen hinzugefügt, aber ihre Ausführung bis auf die letzte Stunde verschoben. Bei dem männlichen Kopfe mit seiner kräftigen Muskelbildung und seinen scharf geschnittenen Zügen verweilte er mit viel grösserer Liebe; denn das Charakteristische zog ihn lebhafter an als das Schöne. Darin glich er unserem grossen Menzel, dass ihm der Sinn für weiblichen Reiz fast ganz abging, und wahrscheinlich wird auch er als alter Junggeselle gestorben sein.

Was Hubert bei seinem Tode abgeschlossen hinterliess, war also die ganze obere Reihe mit Ausnahme der beiden äussersten Flügeltafeln, und in der unteren drei Bilder der äusseren und zwei der inneren Seite, im Ganzen zwölf Tafeln, falls wir bei den doppelt bemalten jede Seite gesondert rechnen. Wenn wir von „abgeschlossen" reden, so sehen wir natürlich von Kleinigkeiten wie das unfertige Pelzwerk des Jodocus Vydt ganz ab. Die Ausführung so unbedeutenden Beiwerks konnte Hubert bis auf den letzten Augenblick vor Aufstellung des Altars versparen, auch wenn das Bildnis schon seit Jahren in seinem Atelier stand, oder auch sie ganz vergessen. Aehnliche Unterlassungen mag Jan auf den anderen elf Tafeln hier und da gut gemacht haben; aber was sich bestimmt als von seiner Hand erweisen lässt, sind hier nur müssige Zusätze, die Hubert nicht beabsichtigt hatte. Auch die dreizehnte Tafel, das herrliche Einsiedlerbild, war dem Abschluss nahe; nur die beiden Frauengestalten, die auch schon angelegt waren, mussten noch farbig ausgeführt werden. Dagegen war von der Anbetung des Lammes nicht viel mehr als die Hälfte fertig und auf der Pilgertafel nur Landschaft und Erdreich angefangen. Die umfangreichen Ergänzungen waren dem jüngeren Bruder vorbehalten, der ausserdem Adam und Eva, die beiden Sibyllen mit der dazugehörigen Architektur und die Statue des Täufers selbständig hinzufügte, d. h. im Ganzen fünf Tafeln. Dass dies nicht zu wenig war, um zwei Jahre auszufüllen, beweist die sehr geringe Zahl von Werken, die uns seine sonstige Lebensarbeit hinterlassen hat. An dem Brügger Altar scheint er nach der Inschrift von 1434—1436 thätig gewesen zu sein, also ebenso lang wie am Genter; unter seinen selbständigen Werken ist dieses Bild allerdings das umfangreichste, umfasst aber doch nur fünf Figuren, die hinter der Lebensgrösse weit zurückbleiben. Für Jodocus Vydt hat er etwa dreissig gemalt, die von oben bis unten sichtbar sind, darunter drei lebensgrosse, und ausserdem zahlreiche Köpfe und Halbfiguren, von dem zeitraubenden Beiwerk ganz zu geschweigen. Dass sein Antheil an dem Altarwerke grösser war, als wir ihn angenommen haben, ist also fast unmöglich.

In zwei Köpfen der Richtertafel will eine alte Ueberlieferung die Bildnisse der beiden Brüder erkennen; doch als Ueberlieferung ist sie jedenfalls werthlos. Auf diesem weltberühmten Kunstwerk, das so zahllose Gesichter enthält, hat man selbstverständlich schon von Alters her nach denen seiner Urheber geforscht, und die Küster von St. Bavo, die den Fremden den Altar aufschlossen, haben das Gewünschte dann auch gegen ein gutes Trinkgeld zu finden gewusst. Doch haben sie dabei wenigstens bei einem dieser Köpfe, den sie dem Jan von Eyck zuschrieben, ein ganz verständiges Urtheil gezeigt. Denn er ist der einzige auf dieser Flügelseite, der so dargestellt ist, wie man sich selbst im Spiegel sehen kann. Auch schauen die Augen mit jenem forschenden Blick aus der Tafel heraus, mit dem der Maler sein Object, auch wenn es das eigene Spiegelbild ist, zu betrachten pflegt. Der ältere Kopf dagegen, in dem man Hubert erkennen will, kann kein Selbstbildnis sein, weil man sein eigenes Gesicht in dieser Stellung nur mit zwei gegeneinander gerichteten Spiegeln zu sehen vermag und unser Meister ein so künstliches Mittel gewiss noch nicht angewandt hat. Zudem waren Spiegel damals ein so kostbarer Gegenstand, dass ein Mann in seiner Stellung mehr als einen kaum besitzen konnte. Auch der Typus unterscheidet sich in nichts von den sonstigen Idealköpfen Huberts; er ist charakteristisch, aber durchaus nicht bildnisartig. Schon die langen Haare, die damals in den höheren Schichten der Bevölkerung ebenso verpönt waren, wie der Bart, machen es unmöglich, in dieser Gestalt eine wirkliche Person zu erkennen. Nur die Nase erinnert an ein Porträt, aber an ein ganz bestimmtes, den Mann mit den Nelken; es ist unverkennbar die seine, obgleich sie in anderer Stellung gegeben ist. Hubert hatte jenes scharfgeschnittene Gesicht einige Zeit vorher studiert und verwendete hier einen Theil desselben bei der Gestaltung eines jener individuellen Idealköpfe, wie er sie liebte [1]).

Und wie sollte das Bildnis Jans auf diese Tafel kommen, an der er so gut wie gar keinen Antheil hat? Jener baarhäuptige Jüngling, das Einzige, was er ihr hinzugefügt hat, zeigt durch den Vergleich am allerdeutlichsten, dass sein angebliches Selbstporträt nicht von seiner Hand sein kann. Ein Selbstporträt ist es freilich, aber das des Malers, dem diese Tafel gehört, d. h. des Hubert. Jan wird freilich auch nicht versäumt haben, sein Bildnis auf dieses sein grösstes Werk zu setzen; aber wir haben es in denjenigen Theilen zu suchen, an denen er hervorragend thätig war, am ehesten auf der Pilgertafel, schon weil es hier zu dem Kopfe des älteren Bruders Pendant bilden würde. Hatte sich der eine auf der äussersten linken Tafel verewigt, so stand es dem andern am besten an,

1) Es ist sehr merkwürdig, wie Hubert in dem Bestreben, immer neue Männertypen zu erfinden, Gesichter vorgeahnt hat, die ein künftiges Jahrhundert thatsächlich bringen sollte. Der Apostel Petrus in der Anbetung des Lammes hat eine auffallende Aehnlichkeit mit Luther, und jener schwarzbärtige Mann, dessen Gesicht in der Gruppe des alten Bundes sich zwischen zwei Köpfen mit Hermelinmützen befindet, erinnert lebhaft an das Bildnis Friedrichs des Weisen von Dürer, das die Berliner Galerie besitzt. Es ist dies höchst bezeichnend dafür, bis zu welchem erstaunlichen Grade von Wirklichkeit Hubert seine erfundenen Idealköpfe zu steigern vermochte.

die äusserste rechte für den gleichen Zweck zu wählen. Und dieser war ja wirklich einmal als Pilger zu irgend einem Heiligthum gewandert; er konnte sich also nicht mit Unrecht jener frommen Sippschaft zurechnen.

Nun tritt uns unter den bärtigen Köpfen dieser Tafel einer entgegen, der nach der Mode der Zeit bartlos ist. Jene umgeben ihn in geschlossener, ganz regelmässiger Kreislinie, so dass er wie durch einen Rahmen kräftig hervorgehoben wird. Als Bildniskopf ist er dadurch unzweideutig charakterisiert, dass er eine Perücke trägt. Ganz ähnliche begegnen uns bei dem Kanzler Rolin auf beiden Darstellungen, die einerseits Hubert anderseits Roger van der Weyden von ihm hinterlassen haben, ferner bei dem Leipziger Stifter und dem des Dresdener Altärchens, endlich auf dem Antwerpener Bildnis Philipps des Guten von Roger [1]). Sie zeichnen sich dadurch aus, dass sich die Haare vom Wirbel aus radienförmig vertheilen, ohne durch einen Scheitel getrennt zu sein, und über dem Ohr in gleichmässigem Kreise abgeschnitten sind, so dass sie nach vorn in die Stirn hängen. Unter der städtischen Bürgerschaft scheint diese Kopfbedeckung nicht verbreitet gewesen zu sein; man schnitt die Haare zwar auch ganz kurz oder rasierte sie gar, aber zeigte dann entweder den kahlen Kopf, wie Jodocus Vydt, oder bedeckte ihn mit Turban oder Hut, wie es die meisten Bildnisse der Zeit, auch das Selbstporträt Huberts, sehn lassen. Jene Perücke deutet also darauf hin, dass der auf der Pilgertafel Dargestellte den Hofkreisen angehörte, was bekanntlich auf Jan van Eyck passt. Und sieht man genauer zu, so wird man zwischen diesem Kopf und demjenigen, in welchem wir Hubert sehen, eine grosse Familienähnlichkeit nicht verkennen. Am auffälligsten ist das Doppelkinn, das beiden gemeinsam ist, aber auch die Bildung der Augenbrauen, der Wangen, des Mundes stimmt überein; nur die Nase erscheint sehr abweichend. Ich halte es daher für wahrscheinlich, dass wir in diesem jugendlichen Pilger Jan van Eyck vor uns haben. Allerdings blicken die Augen nicht aus dem Bilde heraus, wie man das bei einem Selbstporträt erwarten sollte; aber wenn man sich erinnert, dass nach dem festen Schema, nach dem Jan damals alle seine Bildnisse gestaltete, die Richtung des Blickes der des Gesichtes folgen musste, wird auch dies erklärlich.

Ist diese Kombination richtig, so müssen freilich die Vermuthungen, die man bisher über das Geburtsjahr der Brüder aufgestellt hat, falsch sein [2]). Als Hu-

---

1) Kaemmerer S. 85. 87. 88. 100; Bilderschatz 199. 433. 1117.

2) Auch die Angabe, welche van Mander über das Geburtsjahr der Brüder macht, beruht wohl nur auf den Schlüssen, die man aus ihren vermeintlichen Bildnissen auf dem Genter Altar zog. Da der Greisenkopf auf einen Sechziger hinweist und Hubert, wie seine Grabschrift lehrte, 1426 gestorben war, setzte man seine Geburt genau sechzig Jahre früher an. Hätte er zweifellose schriftliche Zeugnisse besessen, so hätte van Mander sich gewiss nicht so unbestimmt ausgedrückt, wie er es thut: „So viel man weiss, ist Hubert ungefähr 1366 geboren worden und Johann einige Jahre später.“ Schon dass das Geburtsjahr nur von dem älteren, nicht auch von dem jüngeren Bruder genannt wird, über den man doch viel mehr wissen konnte und thatsächlich wusste, beweist klar genug, dass wir hier Kombination, nicht Ueberlieferung vor uns haben.

bert sein Selbstbildnis malte, das ist ungefähr um 1420, kann er nach seinem Aussehen nicht sehr viel über vierzig Jahre alt gewesen sein, und Jan scheint um 1430 das dreissigste kaum erreicht zu haben. Aber dies erklärt es auch am besten, warum wir aus seiner früheren Zeit kein einziges Werk besitzen, das die Kunsthöhe, zu der er sich am Genter Altar heranbilden sollte, schon erkennen lässt. Was er vorher gemalt hatte, waren eben alles Jugendbilder im eigentlichsten Sinne des Wortes. Diese Versuche eines noch nicht ausgereiften Jünglings konnten den Zeitgenossen, die von seinen Vorgängern viel Schlechteres gewohnt waren, trotzdem imponieren; uns aber, die wir sie an seinen vollendeten Werken messen, müssen sie natürlich als „seiner nicht würdig" erscheinen.

Wir haben vorhin das Selbstporträt Huberts ungefähr dem Jahre 1420 zugeschrieben und glauben, dass dieser Ansatz sich begründen lässt. Denn da der Meister während der langen Jahre, die er jedenfalls an dem Altar beschäftigt war, nicht stille stand, sondern immerfort rüstig weiterstrebte, so gestattet uns die Höhe der Kunstentwicklung, von welcher die einzelnen Tafeln Kunde geben, zwar keine absolute, aber doch eine relative Datierung. Als die spätesten dürfen wir natürlich diejenigen betrachten, die er unvollendet hinterliess, die Einsiedlertafel und die Anbetung des Lammes, und diese zeigen ihn auch auf seiner höchsten Höhe; in keinem seiner anderen Werke ist die Charakteristik so tief und mannichfaltig, Mienenspiel und Bewegung so lebensvoll, die Farbe so leuchtend und harmonisch. Am weitesten entfernen sich davon die beiden Reitertafeln; hier ist der Gesichtsausdruck starrer, die Typen nicht so individuell unterschieden, die Haltung etwas einförmig. Auch Landschaft und Erdreich stehen nicht ganz auf der gleichen Höhe. Das Kolorit ist zwar noch immer ein Entzücken für jedes farbenfreudige Auge, aber wenn man es mit dem der spätesten Tafeln vergleicht, ist man fast versucht, es hart und bunt zu nennen. Noch etwas früher möchte ich die Stifterbildnisse ansetzen. Bei ihnen sind Gesichtszüge und Körperhaltung noch von sehr alterthümlicher Befangenheit, viel mehr als bei dem Kanzler Rolin; sie stehen darin dem Manne mit den Nelken nahe, und auch an das Kolorit desselben zeigt wenigstens die Stifterin manche Anklänge. Die singenden Engel stimmen in der Färbung mit den Reitertafeln genau überein und sind nicht minder starr; trotzdem dürften sie etwas später zu setzen sein, und zwar aus folgendem Grunde. Reichgemusterte Damaststoffe hatte Hubert vorher nur einmal gemalt, bei der Madonna Rothschild, und hier war die Aufgabe ihm dadurch erleichtert, dass sie an dem Baldachin nicht in Falten geworfen, sondern senkrecht ausgespannt waren. Trotzdem scheint er mit seiner Leistung unzufrieden gewesen zu sein, und das nicht ganz ohne Grund; jedenfalls verwendet er später immer nur glatte Stoffe. Eingepresste Muster hatte er an dem Kragen des Nelkenmannes malen müssen, und benutzte die Studien, die er hier vor der Natur gemacht hatte, an den grünen Gewändern des einen singenden Engels und des einen Königs der Streitertafel. Bei dem schwarzbärtigen Manne vor diesem macht er dann wieder einen schüchternen Versuch mit buntem Damast, aber nur auf einem ganz kleinen Stück der Tafel und ohne rechtes Gelingen. In den beiden Engelgruppen dagegen schwelgt er in dieser Art von Prachtstoffen und beherrscht ihre Darstellung vollkommen. Ich glaube, dass die Ausführung der Louvremadonna diesen Umschwung hervorgerufen hat. Hier zwang die reiche Hoftracht des Stifters unseren Künstler, sich mit jenem malerischen Problem zu beschäftigen, und indem er es am Modell studierte, lernte er es bewältigen. Denn dass der Kanzler Rolin später ist als die Genter Stifter, scheint mir auch sein Kunstcharakter zu verrathen; es ist nächst dem Turiner Franciscus das reifste und am wenigsten alterthümliche Bildnis Huberts. Dass er im Jahre 1422 gemalt ist, haben wir schon oben wahrscheinlich gemacht. Die singenden Engel dürften ihm gleichzeitig sein, und folglich die früheren Tafeln in die Jahre 1421 und 1420 fallen.

Die spielenden Engel bedeuten einen weiteren Schritt zur Vollendung. In keinem seiner früheren Gemälde hatte Hubert diese leuchtende und doch ruhige Farbenpracht erreicht, wie in dem Gewande des Orgelspielers. Er bildet den Uebergang zu der gewaltigen Mittelgruppe. Die Befangenheit in Haltung und Gesichtsausdruck, die er noch verräth, löst sich in der Gestalt des Täufers, aber nicht ohne dass noch ein kleiner Rest übrigbliebe. Erst Gottvater und namentlich Maria haben die ganze freie Grossheit erreicht, deren unser Künstler fähig war.

Wenn ich die Tafeln mit der Evangelistenstatue und der Verkündigung noch etwas später ansetze, so geschieht dies nicht nur wegen der edlen Freiheit der Bewegung, welche ihre Gestalten auszeichnet, sondern auch weil sie in ihrer Farbe den Uebergang zu jenem Streben nach einheitlicher Tonwirkung bilden, das erst in den allerletzten Werken unseres Meisters, namentlich der Einsiedlertafel, hervortritt. Den Plan, die Aussenseite des Altars auf ein bescheidenes Weiss und Braun zu stimmen, hat er wohl kaum von Anfang an gehegt. Die Stifterbildnisse zeigen dieselbe bunte Farbenpracht, die seinen früheren Werken eigen ist und auf den Tafeln der oberen Innenseite ihre glänzendsten Triumphe feiert. Erst bei der Aufgabe, eine schlichte Steinfigur zu malen, wird ihm der feine Reiz aufgegangen sein, der in dem Zusammenwirken ganz weniger Farben von naher Verwandtschaft liegt. So hat er denn auch die Madonna und den Engel nach der gelblichen Statue und ihrem braunen Hintergrunde gestimmt. Für die Anbetung des Lammes greift er dann wieder zu leuchtenden Farben; sie durfte eben von den benachbarten Reitertafeln nicht zu sehr abstechen. Erst bei den Einsiedlern lernt er es, ruhigen Ton mit der mächtigen Leuchtkraft, die auf der Innenseite durch die umgebenden Tafeln geboten war, aufs Glücklichste zu vereinigen.

Einen merkwürdigen Uebergang bildet hier der Berliner Crucifixus. Die Maria ist noch in den lichten reichen Farben der Anbetung gemalt; dagegen ist das ganze übrige Bild sehr fein auf einen einheitlichen Ton von grün und braun abgestimmt, aus dem jene Gestalt ein wenig herausfällt. Die Madonna im Rosenhaag zeigt dann in der Absicht, wenn auch nicht im Gelingen, das hier durch plumpe Kopistenhände beeinträchtigt ist, genau dieselbe Wirkung, wie die Einsiedlertafel. Dieser scheint auch der heilige Franciscus nach dem, was Tschudi darüber sagt, in der Farbe sehr nahe zu stehn, wächst aber in der Landschaft noch über sie hinaus. Niemals sonst hat Hubert in seinen componirten Ideallandschaften Felsen von solcher Naturwahrheit [1]), eine Ferne, die auch perspektivisch so überzeugend wirkt, darzustellen vermocht. In diesem Bildchen möchte ich daher das allerletzte Werk unseres Meisters erblicken. Denn dass er die Arbeit am Genter Altar nicht selten unterbrach, um dazwischen andere Aufträge auszuführen, hat uns schon die Madonna des Kanzlers Rolin gezeigt, und durch das Gemälde, das er 1424 für die Genter Schöffen vollendete, ist es auch urkundlich beglaubigt.

In demselben Jahre besuchte der Rath der Stadt Huberts Atelier, um ein Werk von ihm in Augenschein zu nehmen. Wahrscheinlich hatte er damals die fünf Innenbilder der oberen Reihe abgeschlossen; sie bildeten ein zusammenhängendes Ganzes, das wohl verdiente, in so feierlicher Weise zur Schau gestellt zu werden. Danach wird die Ausführung dieser Tafeln und zugleich des Schöffenbildes in die Jahre 1422—1424 fallen. Für die zwei letzten Jahre Huberts (1424—1426) bleiben also die Evangelistenstatue, die Verkündigung, der Crucifixus, die Madonna im Rosenhaag, die Einsiedlertafel, der heilige Franciscus und dasjenige, was er noch an der Anbetung des Lammes und der Pilgertafel gemalt hat. Um die Zeit auszufüllen, würde dies reichlich genügen, aber für einen so fleissigen Künstler auch nicht zu viel sein.

Unter den Tafeln Jans werden Adam und Eva wohl die frühesten sein. Denn von dem Studium des Nackten, das er an ihnen betrieben hatte, geht die eigenthümliche, eng anliegende Gewandung aus, die wir an seinen Figuren in der Anbetung des Lammes und auf der Pilgertafel beobachten konnten. Der Faltenwurf der Täuferstatue und der Sibyllen bildet dann den Uebergang zu jenen wulstigen Massen bei seinen frühesten Madonnen.

Schon Bode hatte vermuthet, die Stifter würden wohl dafür gesorgt haben, dass ihre Bildnisse möglichst früh zu stande kämen. Dies hat sich uns auch aus technischen Gründen bestätigt. Und nächst ihnen sind die gerechten Richter, unter denen sich Huberts Selbstporträt befindet, das älteste Stück. Mit denjenigen Tafeln, welche der Eitelkeit oder, wenn man dies lieber hört, dem berechtigten Stolze dienten, hat er sich also am meisten beeilt.

Ueber den Tiefsinn der gesammten Altarkomposition hat man oft geredet, aber den idealen Zusammenhang ihrer einzelnen Theile klar zu bestimmen, ist

1) Auf der linken Seite scheint der untere Fels Granit darzustellen, auf der rechten ganz unverkennbar Sandstein. Dieser soll, wie mir Ortskundige mittheilen, in derselben wagerechten Lagerung an mehreren Stellen der Vogesen, z. B. bei Pirmasens, vorkommen. Die Felsen des Altars erinnern an die Schiefer des Rhein- und Moselthales, sind aber nicht charakteristisch genug, um die Gesteinsart mit Sicherheit erkennen zu lassen. Dasselbe gilt von jenen schwammähnlichen Steinen, die sowohl auf dem Genter Altar, als auch in der Landschaft der Berliner Crucifixus verstreut sind. Man möchte ihr Vorbild in vulkanischen Schlacken suchen, wie man sie am reichlichsten in Italien, aber wohl auch in der Eifel finden kann.

noch nie gelungen und konnte auch gar nicht gelingen, solange der Antheil des jüngeren Bruders nicht ausgeschieden war. Denn wie wir schon oft bemerken konnten, war Jan, der lange Jahre in der Ferne geweilt und seinen Lehrer unterdessen nicht gesehn hatte, mit dem Gedankengange desselben nicht vertraut und unterbrach ihn daher regelmässig durch falsche Zuthaten. Wahrscheinlich war Hubert ein stiller, verschlossener Mann gewesen, der auch mit Jodocus Vydt nicht viel über seine Pläne geredet hatte. Das Werk vollständig zu begreifen, ist also nur möglich, wenn wir uns ausschliesslich an dasjenige halten, was sein ursprünglicher Erfinder selbst vollendet hat. Eine Unterstützung bietet uns dabei der Madrider Lebensbrunnen [1]). Denn mag er auch Kopie sein, jedenfalls stellt er sich in seinem Inhalt als Vorstufe des Genter Altars dar, der dieselbe Idee in erweiterter, geklärter und vertiefter Gestalt wiederholt.

Nach uralter Tradition wird das jüngste Gericht von Christus zwischen Maria und Johannes dem Täufer geleitet. Auch die beiden Werke Huberts stellen eine Scheidung der Guten von den Bösen oder, was im Sinne seiner Zeit dasselbe war, der Gläubigen von den Ungläubigen dar, sind also dem jüngsten Gerichte innerlich verwandt. Doch nimmt den beherrschenden Platz Gottvater ein, weil Christus unter dem Bilde des Lammes dargestellt ist und so aus dem Richter zum Werkzeuge der Erlösung für die Seligen, der Verdammnis für die Unseligen wird. Es mag persönliche Gründe gehabt haben, dass auf dem Madrider Bilde an die Stelle des Täufers der Evangelist gesetzt ist; vielleicht war dieser der Schutzpatron des Stifters oder der Kirche, in der das Bild ausgestellt wurde. Im Genter Altar ist Hubert, abgesehn von der schon besprochenen Ausnahme, wieder zu der traditionellen Dreiheit zurückgekehrt.

Beide Werke zerfallen in drei Stockwerke, doch ist ihre Bedeutung auf jedem verschieden. In Madrid ruht das Lamm auf den Stufen von Gottvaters Thron. Das Blut aus seiner Wunde wird zum Bächlein, auf dem Hostien schwimmen, und die grüne Wiese, durch die es hinfliesst, bildet das zweite Stockwerk. Hier sitzen zu beiden Seiten des lebendigen Wassers je drei Engel, die auf verschiedenen Instrumenten spielen, und neben ihnen erheben sich Thürme, in deren offenen Hallen zwei Chöre singender Engel stehn. Dieser mittlere Theil bezeichnet also nur einen Uebergang von den höchsten Himmelsmächten zu der Menschheit, welcher das unterste Stockwerk gewidmet ist. Den Mittelpunkt desselben bildet der Lebensbrunnen, in den sich jenes Bächlein mit seinen Hostien ergiesst. Links davon knien anbetend die geistlichen und weltlichen Stände der Christenheit, geführt von dem Papst, der sie auf das heilbringende Wasser hinweist. Rechts taumeln die Juden erschreckt und verzweifelt rückwärts, an ihrer Spitze der Hohepriester mit verbundenen Augen und zerbrochener Standarte. Nur einer kniet unter ihnen in ebenso frommer Andacht, wie die christliche Gruppe; er hält ein Spruchband mit ebräischen Schriftzeichen in den

1) Bilderschatz 25; Kaemmerer S. 39.

Händen und ist offenbar als Prophet gedacht, der in der Vorahnung des Messias schon die Erlösung gefunden hat.

Auf dem Genter Altar ist jenes vermittelnde Zwischenstockwerk beseitigt und die Scheidung ganz streng nach dem Muster der alten Mysterienbühne durchgeführt: oben der Himmel, in der Mitte die Erde, unten auf der Predella, die leider verloren ist, die Hölle. Da jetzt in dieser die Ungläubigen ihren Platz fanden, konnten sie von dem darüber befindlichen Stockwerk ausgeschlossen werden. Die Erde zeigt sich also in jenem heiligen und seligen Zustande, wie sie nach dem jüngsten Gerichte sein soll. Christen und Juden bleiben noch immer geschieden; aber diese letzteren bestehen einzig aus den in Hoffnung erlösten Propheten, die auf dem Madrider Bilde nur durch eine Person vertreten waren. Als Ergänzung der Dreieinigkeit ist der heilige Geist zu Gottvater und dem Lamm hinzugetreten. Dieses steht auf der Erde unter den Menschen, die es erlöst hat; jener thront in der höchsten Höhe; die Taube schwebt als Vermittler zwischen beiden am blauen Himmel. Alle drei befinden sich in senkrechter Linie untereinander. Soweit ist die Gesammtcomposition des Lebensbrunnens im Genter Altar theils beibehalten, theils erweitert und verändert. Wenden wir uns nun den einzelnen Stockwerken zu.

Im oberen sind die drei Mittelfiguren, wenn wir von der Vertauschung der beiden Johannes absehn, nur erhöhte und verschönte Wiederholungen. Sowohl das Bewegungsmotiv als auch die Gewandung ist ungefähr gleich geblieben; nur ist die letztere reicher geworden, namentlich tritt bei Gottvater die päpstliche Tiara an Stelle der Bischofsmütze, bei Maria eine Krone an Stelle des Diadems. Auch die Sonderung der Engel in spielende und singende wiederholt sich, ja sogar die Sechszahl der ersteren; da aber für diese Gruppen kein besonderes Zwischenstockwerk hier vorhanden war, mussten sie auf die beiden Seiten des obersten vertheilt werden. Gedanklich ist die einzige Aenderung von Wichtigkeit, dass auf den Stufen von Gottes Thron statt des Lammes eine Krone liegt. Jene Unterordnung des Sohnes unter den Vater mochte dem Künstler bei reiferem Nachdenken wie Arianische Ketzerei erschienen sein. Er gibt dem Lamme daher in der unteren Reihe einen selbständigen Platz, der seiner Vermittlerrolle der Menschheit gegenüber entspricht, aber nicht minder vornehm ist, und legt dafür das Symbol der irdischen Herrschaft dem höchsten „König der Könige" zu Füssen.

Wie man sieht, passen in diesen Zusammenhang Adam und Eva, die Jan hinzugefügt hat, nicht hinein und noch weniger die Darstellung des ersten Mordes über ihren Häuptern. Was das oberste Stockwerk sonst ausschliesslich füllt, ist die Herrlichkeit des Himmels; für die Vertreter der Menschheit und ihrer Sünde hätte nur auf der Erde der angemessene Platz sein können. Was Hubert an dieser Stelle zu malen beabsichtigt hatte, kann man schwer errathen; nur lässt der schmale Raum der Flügel allerdings auf Einzelgestalten schliessen. Am ehesten wird man an die Schutzheiligen der Stadt denken können; denn sie gehörten für ihre gläubige Gemeinde zu den Bewohnern des Himmels und hätten zudem mit ihren hohen Bischofsmützen und Stäben den langgestreckten Raum gut ausgefüllt.

Im mittleren Stockwerk ist die blumige Wiese, auf der früher nur die Engel spielten, jetzt zum Aufenthaltsort der ganzen seligen Menschheit geworden. Im Uebrigen sind die Aenderungen, soweit sie noch auf Hubert zurückgehen, vorzugsweise durch das Hinzutreten der Predella und der Flügel bedingt. Indem jene die Ungläubigen, diese in den Richtern und Streitern die weltlichen Stände der Christenheit aufnahmen, blieben neben dem Lebensbrunnen auf einer Seite nur die Propheten und die Heiligen des alten Bundes, auf der andern die Apostel und die geistlichen Stände übrig. Schon oben ist bemerkt worden, dass auf den vier Flügeltafeln die vier weltlichen Kardinaltugenden nicht als allegorische Figuren, die Huberts realistischer Sinn immer verschmäht hat, sondern in ihren berufensten Vertretern dargestellt werden sollten. Dies leitet zu der Vermuthung, dass das Mittelbild, um die heilige Siebenzahl voll zu machen, den drei geistlichen Tugenden gewidmet war. Und wirklich würden die Männer der vorchristlichen Zeit, die auf den Messias hoffend selig wurden, sehr passend die Spes repräsentieren und die Geistlichen der anderen Seite ebenso die Fides. Aber im Hintergrunde, wo die Hand des jüngeren Bruders sichtbar wird, beginnen wieder die Schwierigkeiten. Die Caritas kann man sich in doppelter Weise dargestellt denken. Einerseits durch einen dritten Chor, der aus der Einsattelung zwischen den beiden mittelsten Hügeln des Hintergrundes heranzieht; dieser müsste dann aus solchen Heiligen bestehen, die durch ihre Barmherzigkeit berühmt waren, wie Elisabeth, Martin und die Stifter der Hospitäler und Krankenpflegerorden. Doch wäre es auch möglich, dass das Lamm selbst, das aus Liebe für die Menschheit sein Blut geopfert hatte, die letzte und höchste Tugend vertreten sollte. In diesem Falle hätte die Landschaft des Hintergrundes ganz leer bleiben müssen, in jenem nur eine fromme Schar enthalten; der Doppelchor von Märtyrern und Märtyrerinnen, den er jetzt aufweist, stört unter allen Umständen den Gedankengang des Ganzen.

Noch eine weitere Schlimmbesserung dürfte bei der Anbetung des Lammes auf Jans Rechnung kommen. Auf dem Madrider Gemälde fliesst das Blut Christi als Bächlein durch die Wiese und speist vorn den Lebensbrunnen. Dies ist ein so schöner und sinniger Gedanke, dass man nicht versteht, warum Hubert ihn sollte aufgegeben haben, und wirklich verräth die Komposition unserer Tafel, dass eine Wiederholung des Motivs beabsichtigt war. Denn die Engel, welche um den Altar knien, lassen vor demselben einen breiten leeren Raum, der gerade ausreichen würde, um den Lauf des Bächleins in sich aufzunehmen. Wenn also auf dem Bilde in seiner gegenwärtigen Gestalt das Blut in einen Kelch fliesst und die Verbindung zwischen dem Lamm und dem Lebensbrunnen, die auf dem Madrider Gemälde so sinnvoll hergestellt war, ganz aufgegeben ist, so wird dies wieder eine von Jans vielen Sünden sein. Hubert wird eben gestorben sein, ehe er den Wiesengrund mit seinem Bächlein und die Einzelheiten des Altars und des Brunnens vorzeichnen konnte, und sein Fortsetzer hat ihn, wie gewöhnlich, missverstanden.

Auch die Kleinigkeiten des Beiwerks, soweit Hubert sie gemalt hat, sind überall von tiefem Sinn erfüllt, und dies wahrscheinlich in noch viel höherem Grade, als wir errathen können. Zu den Füssen der Einsiedler liegen Korallen und Edelsteine verstreut; dass sie vorübergehn, ohne auch nur einen Blick darauf zu werfen, ist der bezeichnendste Ausdruck ihrer Weltverachtung. Das ewige Jerusalem des Mittelbildes erhebt seine Thürme über einer blumenreichen Wiese; dagegen ist der Erdboden, auf dem die vier Chöre der Seitentafeln heranziehn, hart und steinig oder von Kothlachen bedeckt; es soll dies ausdrücken, dass der Weg der Tugendhaften auf Erden ein rauher ist. Auf den Flügeln der rechten Seite zeigt die Landschaft Citronenbäume, Palmen und Cypressen, auf der linken nur nordische Laubbäume und in der Ferne schneebedecktes Gebirge; auf der Mitteltafel ist die Vegetation des Nordens und des Südens gemischt. Die Heiligen kommen eben von beiden Enden der Erde, aus Hitze und Frost, um dann im Reiche ihrer Sehnsucht die Schönheit aller Zonen vereinigt zu finden. Wie Magdalena und Maria von Aegypten, so soll wahrscheinlich auch jede andere Gestalt eine bestimmte Persönlichkeit der Geschichte oder Sage darstellen; z. B. darf man in dem langbärtigen Manne, der mit der Kaiserkrone geschmückt unter den Streitern Christi erscheint, wohl Karl den Grossen erkennen, und ohne Zweifel ist es nicht bedeutungslos, dass der Reiter vor ihm auf einen Maulthier, nicht auf einem Rosse sitzt, obgleich meine Kenntnis der legendarischen Ueberlieferung des Mittelalters nicht ausreicht, um dies zu erklären. Jedenfalls wird sich bei genauerem Studium noch manche gedankenreiche Feinheit in den Bildern finden lassen, wenn man nur immer den Antheil Huberts gesondert von den Zusätzen seines Bruders betrachtet.

Die Predella mit der Hölle, die das unterste Stockwerk bildete, ist uns leider verloren. Wie auf der Erde die sieben Kardinaltugenden, so dürften in ihr die sieben Todsünden dargestellt gewesen sein; doch weiter lässt sich nichts über ihre Auffassung vermuthen.

Am reinsten sind die Absichten Huberts auf der Aussenseite des Altars zur Durchführung gekommen, obgleich Jan in der Vollendung der Architektur und andern kleinen Einzelheiten auch hier manches gesündigt hat. Doch die Sibyllen wird er wohl mit Recht den Propheten seines Bruders hinzugefügt haben. Denn was hier ausser den Stiftern und ihren Heiligen zur Darstellung kommen sollte, war die Weissagung des Heiles, von deren Erfüllung die Innenseite erzählte. So verkörpern denn die Sibyllen die Vorahnungen des Heidenthums, wie die Propheten die des Judenthums, und endlich das Erscheinen Gabriels bei Maria die letzte klarste Verheissung des Herrn, die seinem Menschwerden unmittelbar vorherging.

Zum Schlusse fügen wir noch ein Verzeichnis der Werke beider Brüder hinzu, das mit seinen Verweisungen auf die Seitenzahlen, wo über die einzelnen Bilder gehandelt ist, dieser Arbeit als eine Art von Index dienen soll. Wir machen den Versuch, es chronologisch zu ordnen, was bei Hubert freilich nur mit grosser Reserve geschehen kann. Denn erstens hatte er, wie die drei unvollendeten Tafeln des Genter Altars zeigen, immer mehrere Bilder zugleich auf der Staffelei. Ein Gemälde kann also in manchen Theilen früher, in andern später sein als ein zweites. Und ausserdem kenne ich mehrere seiner Werke nicht im Original und kann daher das Moment der Färbung, das gerade bei ihm von solcher Wichtigkeit ist, nicht überall berücksichtigen. Die Reihenfolge, die wir hier bieten, wird also gewiss in vielen Punkten umzustossen sein. Wenn wir es trotzdem auf eine Handvoll Irrthümer hin wagen, so geschieht dies nur, um zu erneuter Forschung nach dieser Richtung hin anzuregen.

1) Dass zwischen der Pariser Karthäusermadonna und der Berliner eine Reihe von Jahren liegt, beweist der Kopf des Mönches, der hier nicht unbeträchtlich älter erscheint. Die Zahl der Werke, die sich dazwischen einschieben, darf also nicht zu gering angenommen werden, auch wenn man mit einigen verlorenen rechnet.

18) Die spielenden Engel. Berlin. S. 11. 62. 34. 45. 65.
19) Johannes der Täufer. St. Bavo, Gent. S. 62. 64. 33. 34. 45.
20) Gottvater. St. Bavo, Gent. S. 10. 62. 64. 65. 33. 34. 35. 45.
21) Maria. St. Bavo, Gent. S. 57. 62. 65. 33. 34. 38. 45.
22) Kleiner Christuskopf im Profil (Fragment der Schöffentafel?). Berlin. S. 33—35.

1424—1426: 23) Die Statue Johannes des Evangelisten. Basis und Hintergrund durch Jan verändert. Berlin. S. 45—47. 62. 35. 43. 53.
24. 25) Die Verkündigung. Von Jan hinzugefügt sind die Streifen einfallenden Sonnenlichtes, die Wasserflasche, die Nische mit dem Stillleben, die Inschrift, vielleicht auch Diadem und Mantelschliesse der Maria. Berlin. S. 47—50. 62. 10. 25. 28. 32. 38. 40. 43. 53. 67.
26) Die Anbetung des Lammes, unvollendet hinterlassen. Von Jan gemalt sind das Erdreich, ein Theil der rechten Gruppe und der Engel, und die beiden Gruppen im Hintergrunde. St. Bavo, Gent. S. 50. 52. 56. 65—67. 5. 7. 34. 59. 61. 62.
27) Crucifixus mit Maria und Johannes. Berlin. S. 5—13. 62. 15. 17. 19. 34. 36. 37. 38. 48.
28) Madonna im Rosenhaag, verloren, Kopie in Berlin. S. 35—38. 62. 41. 43.
29) Die Einsiedlertafel, nicht ganz vollendet hinterlassen. Von Hubert vorgezeichnet, aber von Jan ausgeführt die beiden Frauengestalten. Berlin. S. 50—55. 57. 61. 5. 7. 15. 19. 37. 58. 62. 67.
30) Der Himmel, die linke Hälfte der Landschaft und der linke und untere Rand des Erdreichs auf der Pilgertafel. Berlin. S. 50—52. 5. 7. 15. 19. 57. 67.
31) Der heilige Franciscus. Turin. S. 13—14. 62. 5. 17. 19. 22. 32. 48.

Bei Jan ist die Datierung viel sicherer, weil sie sich immer an signierte Bilder anschliessen kann.

Vor 1425: 1) Der Liebeszauber. Leipzig. S. 44. 55. 61.

1425: 2) Bildnis der Bonne d'Artois, verloren, Kopie in Berlin. S. 30. 53.

1430—1432: 3) Adam. Brüssel. S. 6—8. 45. 63. 65. 42. 46. 52. 53.
4) Eva. Brüssel. S. 6. 45. 63. 65. 8. 46. 52. 53. 55.
5) Die Figuren, die rechte Seite der Landschaft mit Ausnahme der Cypresse und der Palme und der größte Theil des Erdreichs auf der Pilgertafel. Berlin. S. 50—55. 59—60. 63. 43.
6) Etwas weniger als die Hälfte von der Anbetung des Lammes. St. Bavo, Gent. S. 52. 56. 43. 63. 66.

7) Die Statue Johannes des Täufers nebst den Aenderungen an dem Evangelisten. Berlin. S. 45—47. 63. 43. 52. 55.

8. 9) Die Tafeln mit den Sibyllen und Architektur. Brüssel. S. 46—48. 63. 67. 21. 43.

10) Die stilllebenartigen Zusätze auf der Marientafel der Verkündigung. Berlin. S. 48—50.

11) Die beiden Frauengestalten auf der Einsiedlertafel. Berlin. S. 53. 58.

12) Der baarhäuptige Reiter in Blau auf der Richtertafel. Berlin. S. 55.

1432: 13) Zeichnung eines Greisenkopfes. Dresden. S. 10. 29.

14) Das danach ausgeführte Bildnis. Wien. S. 29. 30.

15) Zeichnung zu einem Männerkopfe. Louvre, Paris. S. 29. 30.

16) Männliches Bildnis (datiert). London. S. 28. 30.

17) Madonna im Zimmer (datiert). Ince-Hall bei Liverpool. S. 7. 21. 30. 38. 40. 43. 48.

1433: 18) Madonna das Kind säugend. Frankfurt a. M. S. 22. 30. 38. 39. 40. 43. 48.

19) Bildnis des Giovanni Arnolfini. Berlin. S. 26—30. 53.

20) Männliches Bildnis (datiert). London. S. 27. 29. 30.

1434: 21) Verlobungsbild des G. Arnolfini und der Jeanne de Chenany (datiert). London. S. 7. 21. 26. 27. 29. 30. 40. 43. 49. 55.

22—26) Fünf Tafeln eines Reisealtärchens. Dresden. S. 32. 40. 17. 21. 25. 30. 42. 43. 53. 60.

1434—1436: 27) Madonna des Kanonikus Georg van der Pale (datiert). Brügge. S. 7. 21. 30. 39. 40. 43. 53. 58.

1436: 28) Bildnis des Jan de Leeuw (datiert). Wien. S. 21. 28. 29. 30. 53.

1437: 29) Altarflügel mit der Verkündigung. Petersburg. S. 21. 25. 31. 38. 41. 43. 48. 54.

30) Die heilige Barbara (datiert). Antwerpen. S. 20—21. 40. 41. 43. 50. 51.

1438: 31) Der grosse Christuskopf (datiert). Berlin. S. 10. 27. 29. 33. 53.

1438—1439: 32) Madonna am Brunnen (signiert: *Johannes de Eyck me fecit. complevit anno 1439*, was jedenfalls bedeutet, dass das Bild im vorhergehenden Jahre begonnen ist). Antwerpen. S. 35—37. 7. 21. 30. 40. 41.

1439: 33) Selbstbildnis, Gegenstück zum folgenden, verloren. S. 76.

34) Bildnis der Frau des Künstlers (datiert). Brügge. S. 27. 28. 30.

35) Madonna in spätgothischer Umrahmung. New-York. S. 41. 22. 30.

1440: 36) Madonna in der gothischen Kirche. Berlin. S. 41—42. 21. 25. 30. 44. 49.

Die Berliner Bildniszeichnung[1]) scheint mir für Jan van Eyck zu schwach, wenn sie nicht vielleicht in seine allererste Frühzeit gehört. Sehen wir von dieser ab, so zeigt die Reihe seiner Gemälde nur im Jahre 1438 eine Lücke; denn der grosse Christuskopf wurde schon am 31. Januar vollendet und die kleine Madonna von Antwerpen kann erst ganz am Ende des Jahres begonnen sein. Vielleicht wurde in der Zwischenzeit das Altarwerk zu Ende geführt, von dem die Petersburger Verkündigung der einzige erhaltene Theil ist.

Nachtrag.

Ich hatte S. 59 die Ansicht ausgesprochen, dass die Nachricht, zwei Köpfe der Richtertafel seien Bildnisse der Brüder van Eyck, nicht auf echter Ueberlieferung, sondern nur auf Kombination beruhe. Kurz vor dem Abschluss des Druckes geht mir noch eine Notiz[2]) zu, die dafür eine merkwürdige Bestätigung bietet und zugleich nach mancher anderen Richtung so interessant ist, dass ich nicht umhin kann, hier etwas näher darauf einzugehn.

Am 26. März 1495 kam der Nürnberger Arzt, Dr. Hieronymus Münzer nach Gent und besuchte auch die Kirche St. Johann, die später den Namen St. Bavo erhielt. Die Eindrücke, die er dort empfing, schildert er in seinem Reisetagebuch, von dem eine Abschrift in der Münchener Bibliothek erhalten ist, folgendermaassen:

De nobilissima tabula picta ad S. Ioannem, cuius simile vix credo esse in mundo. Ecclesia S. Joannis inter illas tres principales est pulchrior, maior et longior de 156 passibus. et inter cetera habet unam tabulam depictam supra unum altare magnam et pretiosissimam de pictura. in cuius summitate est depictus deus in maiestate et ad dextram beata virgo et ad sinistram Ioannes baptista, et sub eis figurae octo beatitudinum, in ala autem dextra Adam et circa ipsum angeli cantantes melos dei, in ala autem sinistra Eva et angeli cum organis, et in inferiore ala dextra iusti iudices et iusti milites, sub ala autem sinistra iusti heremitae et iusti peregrini. et omnia illa sunt ex mirabili et tam artificioso ingenio depicta, ut nedum picturam, sed artem pingendi totam ibi videres, videnturque omnes imagines vivae. postquam autem magister pictor opus perfecit, superadditi sibi fuerunt ultra pactum pretium sexcentum coronae. item quidam alius magnus pictor supervenit volens imitari in suo opere hanc picturam et factus est melancholicus et insipiens. O quam mirandae sunt effigies Adae et Evae! videntur omnia esse viva! et singula membra sibi correspondent. sepultus est autem magister tabellae ante altare.

Münzer kennt für den ganzen Altar nur e i n e n *magister pictor*; daraus folgt ohne Weiteres, dass man ihm nicht z w e i Köpfe als Malerbildnisse gezeigt

---

1) Kaemmerer S. 53.

2) Mitgetheilt von Karl Voll in der Beilage zur Allgemeinen Zeitung vom 7. Sept. 1899.

haben kann. Und bei dem überaus lebhaften Interesse, dass er an dem Kunstwerke nahm, hätte man gewiss nicht versäumt, ihn auf die Bildnisse von dessen Schöpfern aufmerksam zu machen, wenn man in Gent damals schon von ihnen gewusst hätte.

Auf den Rahmen der Innenseite befinden sich im Ganzen sechs Inschriften, und Münzer hat sich die Mühe gegeben, sie alle zu lesen, wie folgender Vergleich beweist:

Münzer:	Inschriften:
Angeli cantantes melos dei.	*Melos deo, laus perhennis, gratiarum actio.*
Angeli cum organis.	*Laudant eum in cordis et organo.*
Iusti iudices.	*Iusti iudices.*
Iusti milites.	*Christi milites.*
Iusti heremitae.	*Heyremeti sti.*
Iusti peregrini.	*Peregrini sti.*

Er hat einmal für *Christi*, zweimal für *sti*, die Abkürzung von *sancti*, fälschlich *iusti* gelesen; aber dieses Versehen ist sehr naheliegend und beweist vielleicht deutlicher, dass er selbst die Inschriften zu entziffern versuchte, als manche richtige Lesung. Um so auffälliger ist es, dass er gerade von der Hauptinschrift, die sich unter den Stifterbildnissen und den Johannesstatuen befindet und über die Entstehung des Werkes Auskunft gibt, gar keine Kenntnis besitzt, denn sonst müsste er doch von den zwei Malern des Altars etwas wissen. Es erklärt sich, wenn wir uns erinnern, dass er zwar jede einzelne Tafel der Innenseite aufzählt, aber der Bemalung der Aussenseite gar nicht erwähnt. Offenbar hat er das Werk nicht mit geschlossenen Flügeln zu sehn bekommen.

Ganz dasselbe scheint auch von Dürer zu gelten, der 1520 in Gent war. Er nennt das Gemälde „des Johannes Tafel", weiss also gleichfalls nur von einem Maler desselben. Mithin werden auch ihm wohl kaum die zwei angeblichen Bildnisse der van Eycks gezeigt worden sein, und sicher hat er ihre Inschrift nicht gelesen. Von den einzelnen Tafeln nennt er Gottvater, Maria und Eva, also wieder nur Innenbilder, was freilich bei der Kürze seiner Tagebuchnotiz an sich nicht viel beweisen würde.

Mit grösserer Sicherheit können wir von Karel van Mander sprechen, weil wir bei ihm nicht nur auf das *argumentum ex silentio* angewiesen sind. Denn er hält Philipp den Guten für den Stifter des Altars und meint sein Bildnis neben denen der Brüder van Eyck auf der Richtertafel zu erkennen[1]). Daraus ergibt sich mit Nothwendigkeit, dass er die wirklichen Stifterbildnisse weder gesehn noch je von ihnen gehört hat. Demgemäss erstreckt sich auch seine Beschreibung, so ausführlich sie ist, doch nur auf die Innenseite, und die In-

---

1) Crowe und Cavalcaselle S. 436: Welcke Tafel hun is gheweest doen maken von den 31en Graef van Vlaender, Philips van Charlois, sone van den Hertogh Jan van Digion, wiens conterfeytsel daer in de deuren comten sit te Peerde. S. 437: In d'ander deuren comen te Peerde den Graef van Vlaender, als geseyt is, oock de twee Schilders Hubertus en Joannes.

schrift ist auch ihm unbekannt. Denn dasjenige, was in ihr ganz unzweideutig zu lesen ist, erklärt er für die unmassgebliche Meinung einiger Leute, denen er selbst nicht zustimmen könne [1]).

Dies sind die einzigen Schilderungen des Altars, die uns aus früheren Jahrhunderten erhalten sind, und alle drei Zeugen stimmen darin überein, dass sie die Aussenseite mit Stillschweigen übergehn oder auch deutlich ihre Unkenntnis derselben verrathen. Der Schluss ist also wohl berechtigt, dass das grosse Werk vom fünfzehnten bis in's siebzehnte Jahrhundert nur mit geöffneten Flügeln sichtbar war. Wahrscheinlich standen auf der Altarplatte Leuchter und ein Crucifix, die seine Schliessung verhinderten, wie man Entsprechendes ja noch heute in den Kirchen sehn kann. Wenn also van Mander erzählt, dass ausser bei grossen Festen das Werk nur für vornehme Herren oder gegen ein gutes Trinkgeld „open ghedaen" wurde, so meint er damit jedenfalls die Oeffnung der Kapelle, nicht des Altarschreins.

Nur Einen kennen wir, der schon im sechzehnten Jahrhundert die Rückseiten der Flügel gesehn hat; das war Michael Coxcie, der sie im Auftrage Philipps II. von Spanien kopierte. Bei der Gelegenheit hat er natürlich auch ihre Inschrift gelesen, und dies wurde für die Kenntnis jener Zeit von den Brüdern van Eyck epochemachend. Jan wird schon von Bartholomäus Facius, Giovanni Santi, Jean Lemaire und Vasari in seiner ersten Auflage hoch gepriesen; von Hubert dagegen weiss bis zur Mitte des sechzehnten Jahrhunderts kein Mensch. Als Mitarbeiter seines Bruders wird er zuerst von Guicciardini (1566) erwähnt, aber dieser erzählt auch schon ausführlich von Coxcies Kopie und widmet sein Buch demselben Philipp, für den sie gefertigt wurde. Die Quelle seiner Nachricht kann hiernach umsoweniger zweifelhaft sein, als sie nichts enthält, als was sich aus einem ungenauen und entstellten Bericht über die Inschrift schliessen liess [2]).

Auch Münzer weiss den Namen des Künstlers, dem er den Altar zuschreibt, nicht zu nennen. Karl Voll hält ihn für einen sehr wohlunterrichteten Zeugen, weil er die Inschriften der Innenseite gelesen hat; aber das kann noch heute jeder thun, der sich die Mühe nicht verdriessen lässt. Und dass er von dem Wahnsinn des Hugo van der Goes Kunde erhalten hat, ist auch nicht zu verwundern, da dieser zu seiner Zeit erst seit dreizehn Jahren todt war. Vielleicht hatte derselbe Küster, der unserem Doctor gegen gutes Trinkgeld die Kapelle der Vydts aufschloss, auch schon dem grossen Maler denselben Dienst geleistet und die Aeusserungen seines gestörten Geistes selbst beobachtet. Denn abge-

1) S. 436: Eenige meenen, dat Hubertus dese Tafel eerst mael alleen hadde begonnen en dat se Joannes daer nae voldaen heeft; dan ick houde, dat syse tesamen aenghevanghen hebben, maer datter Hubertus over ghestorven is.

2) Crowe und Cavalcaselle S. 428: *A pari a pari di Giovanni andava Huberto suo fratello, il quale viveva e depingeva continuamente sopra le medesime opere insieme con esso fratello.* Dieser Unsinn ist weiter nichts als ungeschickte Verallgemeinerung der Thatsache, dass die Brüder an einem und demselben Werke thätig gewesen waren.

sehn von seiner Kenntnis der Inschriften ist dasjenige, was Münzer über den Genter Altar mittheilt, nichts weiter als das übliche Küsterlatein, wie man es noch heute in jeder Kirche Italiens hören kann. Und wie sollte er als Reisender, der sich nur vorübergehend in Gent aufhielt und wahrlich keine Zeit zu archivalischen Studien hatte, mehr über die Maler der Stadt wissen, als was er seinen Fremdenführern verdankte?

Dass seine Quelle nicht über jeden Zweifel erhaben war, zeigt eine Notiz, die wir noch jetzt als falsch erweisen können. Er schreibt nämlich, unter den grossen Gestalten der oberen Reihe befänden sich Darstellungen der acht Seligkeiten (*figurae octo beatitudinum*). Dies kann nur bedeuten, dass die acht Gruppen der unteren Reihe — vier auf dem Mittelbilde und je eine auf den vier Flügeltafeln — den acht Seligpreisungen entsprechen, welche die Bergpredigt eröffnen (Matth. 5, 3—10). Nun ist es aber der reine Widersinn, in den gerechten Richtern und den Streitern Christi diejenigen zu erkennen, die geistlich arm sind und die Leid tragen, und nicht besser passen die übrigen Sprüche. Es ist dies eine Erklärung, die einzig und allein auf die Achtzahl der Gruppen Rücksicht nimmt und sich um die Besonderheiten, durch die jede einzelne charakterisiert ist, gar nicht bekümmert. Wahrscheinlich ist sie von irgend einem Theologen ersonnen und dann von den gläubigen Küstern, die sie aufgeschnappt hatten, weitergesagt. Wenn aber dies falsche Hypothese ist, welches Recht haben wir, in demjenigen, was wir nicht controlieren können, echte Ueberlieferung zu sehen?

Wer jemals von einem Lakaien durch ein königliches Schloss gehetzt ist, der wird bemerkt haben, dass sein Führer immer den Inhalt der Bilder angibt, soweit er ihn kennt, aber den Künstlernamen nur, wenn dieser hochberühmt ist und auf die Zuhörer Eindruck machen muss. Gern wird bei dem Kaufpreise verweilt, falls er hoch genug ist, um zu imponieren, und knüpft sich an das Kunstwerk irgend eine Anekdote, so versäumt man nicht, sie mitzutheilen. Alle diese Kennzeichen des Ciceronenlateins kehren in dem Berichte Münzers wieder. Den Namen des Malers hat er nicht erfahren, denn Hubert war damals nicht mehr berühmt; wohl aber trägt man ihm einiges über die Bedeutung des Bildes vor, was allerdings nicht richtig ist; dann folgt der bekannte Kostenpunkt und endlich die Anekdote von dem verrückt gewordenen Maler, die diesmal zufällig wahr ist. Aber wenn auch der Küster den Urheber des Altars nicht zu benennen vermag, das Grab desselben weiss er zu zeigen; denn dieses gehörte eben auch zu den Merkwürdigkeiten seiner Kirche. In der Inschrift desselben hätte er freilich den Namen Hubrecht van Eyck finden können; aber wer müht sich damit, die schnörkeligen und verwischten Buchstaben eines abgetretenen Steines zu entziffern, namentlich wenn der Künstlername nicht gleich am Anfang steht, sondern eine Reihe nichtssagender Phrasen ihm vorangeht!

Was wir aus Münzers Angaben lernen, ist also weiter nichts, als dass der Altar schon am Ende des fünfzehnten Jahrhunderts namenlos war. Man wusste in Gent nicht einmal, dass zwei Künstler an ihm thätig gewesen waren, noch weniger, wie sie hiessen. Aber von einem Küster auf den andern hatte sich die Ueberlieferung fortgepflanzt, dass der Maler zu den Füssen seines Werkes die letzte Ruhestätte gefunden habe, und schon zur Ehre der Kirche und ihrer Merkwürdigkeiten schrieb man diesem Ungenannten, der in Wirklichkeit Hubert war, den ganzen Altar ausschliesslich zu.

Unterdessen war Jan van Eyck berühmt geblieben, aber die ersten litterarischen Nachrichten über ihn erhalten wir nicht aus den Niederlanden, wo die Erinnerung an seine Person sich hätte erhalten können, sondern aus dem fernen Italien. Schon dies ist ein Beweis dafür, dass die Kunde über ihn auf keiner anderen Ueberlieferung beruht, als auf den Signaturen seiner Bilder. Wenn man auf jenen köstlich leuchtenden Kabinetstücken, die jeder geschmackvolle Sammler als die grössten Kleinode seines Besitzes schätzte, immer wieder das bekannte „*Johannes de Eyck me fecit*" erblickte, so konnte man nicht umhin, sich diesen Namen einzuprägen. Wie wenig man thatsächlich über ihn wusste, ergibt sich daraus, dass Bartholomäus Facius (1456), der älteste Zeuge, der etwas ausführlicher von ihm berichtet, ihn für einen Franzosen hält. Denn das Wort *Gallicus* in weiterem Sinne zu interpretieren, weil auch die Niederlande zu dem römischen Gallien gehört haben, ist nicht möglich; ein humanistisch gebildeter Mann hätte damals einen Flandrer nur *Batavus* oder allenfalls *Belga* nennen können. Wenn schon Cyriacus von Ancona (1449) und später Vasari wussten, dass Jan in Brügge gelebt hatte, so beruht wohl auch dies nur darauf, dass er einzelnen seiner Signaturen die Datierung *Brugis* hinzufügte. Jedenfalls haben wir keinen Grund, dem Facius, wenn er Falsches meldet, durch gesuchte Interpretationen das Richtige unterzuschieben, da auch alles übrige, was er von Jan erzählt, deutlich zeigt, dass er nichts weiter von ihm wusste, als was sich aus seinen Bildern ergab. Denn ausser der Aufzählung derjenigen Werke des Meisters, die er kannte — der Genter Altar ist nicht darunter —, bringt er über ihn nur folgende Notiz: *Ioannes Gallicus nostri saeculi pictorum princeps iudicatus est, litterarum nonnihil doctus, geometriae praesertim et earum artium, quae ad picturae ornamentum accederent, putaturque ob eam rem multa de colorum proprietatibus invenisse, quae ab antiquis tradita ex Plinii et aliorum auctorum lectione didicerat.* Zu einer Zeit, wo man in Italien für die Tafelmalerei nur die Temperatechnik kannte, musste es natürlich auffallen, dass die niederländischen Bilder einen Farbenglanz zeigten, der sich mit jenem Verfahren nicht erzielen liess. Jan hat seinen Signaturen auch immer die Jahreszahlen hinzugefügt. Aus ihnen ersah man, dass seine Bilder älter waren, als die seiner Landsleute, soweit man sie datieren konnte. Daraus schloss man, er habe jene merkwürdige Malweise erfunden, und da nach dem Glaubensbekenntnis der Humanisten alle gute und vollkommene Gabe nur von den Alten kommen konnte, musste er ein gelehrter Mann gewesen sein, der ihren Schriften noch unerforschte Geheimnisse entlockt hatte. Worin das Eigenthümliche seines Verfahrens bestand, weiss Facius noch nicht; erst Vasari, zu dessen Zeit die Oeltechnik auch in Italien jedem geläufig war, blieb auch diese Entdeckung vorbehalten, und mit der ihm eigenen Phantasie hat er dann in alle Einzelheiten ausgemalt, wie Jan zur Erfindung der Oelmalerei gelangte und wie Antonello ihm sein Geheimnis ablauschte. Dass diesen frei erdachten Anekdoten auch nicht ein Körnchen echter Ueberlieferung zu Grunde liegt, braucht heutzutage wohl nicht mehr bewiesen zu werden.

Auch von Hubert werden einzelne Bilder in den Süden Europas verschleppt sein, und ohne Zweifel hat man auch diese hoch geschätzt. Aber da sie nie signiert waren, blieben sie entweder namenlos oder man schrieb sie dem berühmten Jan zu. Es ist daher sehr wohl möglich, dass unter den Werken, welche die italienischen Quellen auf ihn zurückführen, manche seinem älteren Bruder gehörten.

Auch in den Niederlanden scheint man Jan van Eyck schon ein halbes Jahrhundert nach seinem Tode nur durch seine Bilder gekannt zu haben. Margarethe von Oesterreich besass drei Gemälde seiner Hand, von denen mindestens das eine — es ist das Verlobungsbild des Arnolfini — signiert war. Und die älteste litterarische Erwähnung unseres Künstlers, die uns im Norden begegnet, findet sich in einem Lobgedicht, das auf eben diese Margarethe von Jean Lemaire um 1511 verfasst ist.

Diese Berühmtheit Jans würde schon an sich allein eine genügende Erklärung bieten, warum man sehr bald nachher dazu gelangte, ihm den Genter Altar zuzuschreiben. Denn wie wir schon gesehn haben, im Jahre 1520 wird er Dürer als „des Johannes Tafel" gezeigt. Wie sollte auch ein anderer dieses herrlichste Werk der niederländischen Kunst geschaffen haben, als derjenige, den man damals nach dem Zeugnis Lemaires als den König aller Maler betrachtete! Doch mag vielleicht noch ein anderer Umstand diese Bestimmung mit beeinflusst haben.

Wir sahen schon, dass die beiden Köpfe des Genter Altars, in denen wir die Selbstporträts der Brüder erkennen, eine auffallende Aehnlichkeit zeigen, die nur durch den beträchtlichen Altersunterschied etwas getrübt wird. Nun hat Jan im Jahre 1439 ein zweites Mal sich selbst conterfeit, und wie er auf dem Gegenstück zu diesem Gemälde, dem Bildnis seiner Frau, nicht nur den Künstler, sondern auch die dargestellte Person in der Signatur nennt, so wird er es vermuthlich auch bei dem Selbstbildnis gemacht haben. Damals war er neun Jahre älter als zu der Zeit, wo er die Pilgertafel zu Ende führte, und mag daher seinem Bruder, wie dieser auf der Richtertafel dargestellt war, noch ähnlicher geworden sein, als seinem eigenen Jugendbildnis. Vielleicht trug er sogar denselben Rosenkranz von Korallen, mit dem hier Hubert geschmückt ist, als ein kostbares Erbstück des Verstorbenen. Gent und Brügge liegen nur wenige Meilen auseinander und standen immer im regsten Verkehr. Ueber kurz oder lang musste also die Aehnlichkeit zwischen dem Brügger Bildnis Jans und dem Kopfe der Richtertafel bemerkt werden, namentlich da die linke Ecke der Gemälde auch später der gewöhnlichste Platz für das Selbstbildnis des Künstlers war und man es daher hier am ehesten suchte. Damit hatte man einen scheinbar sicheren Namen für den Altar gefunden, und dieser Name war berühmt genug, um von den Küstern gemerkt und weitergegeben zu werden.

Da entdeckte um 1558 Michael Coxcie den Bruder des grossen Johannes, und dass jener der Inschrift zufolge doch keinen ganz unbeträchtlichen Antheil an dem Werke des Altars gehabt haben musste. Hatte man zur Zeit Münzers noch gar keinen Künstlernamen dafür gewusst, so besass man jetzt zwei, und musste folglich dem Malerbildnis, das man vorher gefunden hatte, noch ein zweites hinzufügen. Man machte sich dies bequem, indem man auf derselben Tafel diejenige Gestalt, welche ganz vorne sass und daher am Meisten in die Augen fiel, kurzweg zum Hubert van Eyck ernannte. Dass die langen Haare zum Kostüm von dessen Zeit nicht passten, kümmerte damals natürlich Keinen. Eher hätte man daran Anstoss nehmen können, dass die beiden Brüder sich nicht, wie man dies doch hätte erwarten müssen, unmittelbar neben einander befanden, sondern zwei gleichgiltige Figuren sich zwischen sie einschoben; doch auch solche Bedenken wogen für einen Küsterverstand nicht schwer. Und eine Ueberlieferung, die sich schon seit dem Ende des sechzehnten Jahrhunderts nachweisen liess, konnte auch modernen Forschern imponieren. Erst das Reisetagebuch Münzers hat uns gelehrt, dass sie ein Jahrhundert früher noch nicht vorhanden war und folglich ganz werthlos ist.

Als die Kunde von der Inschrift sich durch Coxcie verbreitete, stand aber die Anschauung, dass Jan van Eyck der eigentliche Schöpfer des Altars sei, schon seit mehreren Jahrzehnten fest, und wie schwer eine solche eingewurzelte Tradition sich verdrängen lässt, kann man noch heute beobachten. Da Hubert sich nun doch nicht ganz wegleugnen liess, machte ihn daher Guicciardini zum untergeordneten Helfer seines Bruders; diese Nachricht ging aus ihm in die zweite Ausgabe des Vasari über und gewann durch dessen hochgeschätztes und vielgelesenes Buch ihre kanonische Geltung, die bis jetzt noch nicht erloschen ist. Karel van Mander sah die angeblichen Bildnisse der Richtertafel und musste danach Hubert für sehr viel älter als Jan halten. Mit Recht schloss er daraus, dieser sei der Schüler seines Bruders gewesen, blieb aber trotzdem dabei, er sei der bedeutendere Künstler. Nun ist gegen diese Annahme ja nichts einzuwenden, wenn der Lehrer eine von andern überkommene Kunstübung nur weitergibt; ist er aber der Schöpfer eines noch nie dagewesenen Stils, der Eröffner einer ganz neuen Kunstepoche, so kann von einem solchen untergeordneten Verhältnis zu seinem Nachfolger nicht die Rede sein. Van Mander konnte freilich noch nicht die historische Einsicht besitzen, um dies zu begreifen; jedem modernen Forscher aber sollte es ohne Weiteres klar sein.
